EL VIAJE DE UN ALMA

Gloria Inés Flórez Villafañe

Al Maestro Jesús por mirarme con amor y misericordia y revelarme su amor.

A mi alma dócil al llamado.

A Juan Pablo y Juan José.

PROLOGO

Este libro es un pedido del Señor Jesús, si bien es cierto fue escrito desde hace varios años y publicado en su primer edición en el año 2018; hoy más que nunca comprendo el sentido de muchas de las cosas que él me decia, hoy comprendo su anhelo porque se conociero quién es él, amor y misericordia, y su pedido de que se diera a conocer esta información para que los hijos de Dios vuelban al Padre eterno. De todo corazón espero contribuir a ese propósito.

CONTENTS

El viaje de un alma...

PRESENTACIÓN

Este libro ha sido escrito por una petición clara, en mi corazón, del Señor Jesús[1]. Es una narración guiada por una serie de hechos, vivencias y mensajes que, por gracia divina y no por merecimiento, he tenido la fortuna de vivir.

La necesidad de compartir mi historia nace de saber que, por algunas experiencias que narraré, en mi vida hay un antes y un después. Estas experiencias han sido un gran regalo, el mejor que he podido recibir. Por lo que he vivido y experimentado siento que estos relatos podrían ser una luz de esperanza para algunas personas. Al leerlos, probablemente obtendrán respuesta a algunos de sus interrogantes.

Todo esto lo comparto para la mayor gloria de Dios. Hay cosas inexplicables, aunque, si usted las ha vivido, sabrá exactamente a lo que me refiero.

Entre los regalos que el Señor me ha dado está que, por su gracia y según su voluntad, he podido tener, como lo que describen los libros espirituales, "locución interior". Esto significa escuchar claramente la voz del Señor.

No es fácil explicar cómo puedo escucharlo. No obstante, es tan cierto y real como este momento en el que usted está leyendo. Aunque en principio me costaba comprenderlo, e incluso asimilarlo, descubrí que es una promesa, que está en su Palabra y que, por supuesto, es para todos nosotros:

Mis ovejas escuchan mi voz; Yo las conozco y ellas me siguen.

Yo les doy vida eterna y no perecerán jamás, y nadie las arrebatará de mi mano. El Padre, que me las ha dado, es más grande que todos, y nadie puede arrebatar nada de la mano del Padre. Yo y el Padre somos uno (Jn 10: 27-30).

Así las cosas, mucho de lo que relataré proviene de lo que he podido escuchar o incluso ver[2]. Al respecto, en el 2013, al iniciar mis primeros Ejercicios Espirituales de San Ignacio[3], me decía el Señor, sobre la misión de escribir este libro[4]:

No quiero que te angusties o te afanes, ni es necesario que vayas a todas tus notas[5]. Poco a poco iremos tejiendo juntos el texto que tendrá el sello indeleble del amor. Te afianzo la misión, pero no te quiero preocupada por el cómo... a qué horas... déjalo en mis manos. Si eres dócil a mi movimiento en ti, todo esto vendrá por añadidura.

Desde muy niña no entendía por qué siempre tuve visiones[6] (imaginaciones, en mi comprensión mental de entonces) en las que me veía rodeada de multitudes. A pesar de ser una niña, sabía que no era por mis dotes artísticos. De alguna manera, sentía que tenía algo que decir y que las personas estaban allí para escucharme[7].

También sabía que escribiría un libro. No tenía ni idea sobre qué, pero las visiones sobre un libro las tuve varias veces. Visión que hoy se materializa, en sus manos, querido lector.

Los sueños y visiones se fueron concretando poco a poco. Dios fue dándome luces sobre lo que esperaba de mí. La vida me fue mostrando aquello que para mí se estaba volviendo parte de la vida cotidiana y que para muchas personas no es tan siquiera imaginable. Ahí empieza mi llamado a contar sus maravillas. Las cosas se fueron alineando para evidenciarse en este libro. Ese celo por Sion del que hablan los profetas Isaías y Jeremías empezó a tocarme y, créame, no me dejó, ni me deja, en paz.

Cuando empecé a experimentar a Dios, con su amor misericordioso, me preguntaba cómo era posible que yo misma me hubiese sentido tan huérfana por tantos años y no "supiera" de él. Y no me refiero a lo intelectual (de hecho, tuve catequesis, estudié religión en el colegio, soy católica y tuve todos los sacramentos: bautizo, primera comunión, confirmación), sino de algo que iba mucho más allá.

Yo me preguntaba cómo era posible que no nos hubieran contado más sobre el mundo espiritual, sobre Su amor misericordioso. Eran muchas las preguntas que había compartido con algunas personas y que, en mi corazón, sabía que estaban en la mente y el corazón de otras más. Esta nueva experiencia de Dios me permitía conocer y vivir mi relación con él de manera diferente, a pesar de lo pecadora que era (que soy) y de lo rebelde que había sido buena parte de mis primeros años (poco más de la mitad de mi vida).

Las personas con las que Dios me ponía a interactuar me mostraban su necesidad de él y, al mismo tiempo, la poca guía que tenían para seguir ese camino, incluso el no tener clara la necesidad de un Dios Padre Amor.

Quiero que comprenda, que no pretendo ser "guía espiritual". Solo intento ser dócil al Espíritu Santo, al contar públicamente lo que he podido vivir y aprender. Porque sé en mi corazón que, por ese misterio divino de Dios, sentirá que algunos apartes del libro son para usted. Sé también que frente a algunas cosas pensará que estoy "loca" (sin rodeos) y, en otros apartes, la curiosidad lo llevará a querer saber más. A otros de ustedes, sencillamente este relato no les "llegará".

Todos tenemos un momento para que la verdad, algunas verdades, nos lleguen a la vida. Si este momento es para usted, me sentiré feliz de contribuir con este libro, que será la llave, a abrirle a su corazón la puerta del mundo espiritual. Nada sucede por casualidad en el plan de Dios. Este minuto ya estaba escrito. Y que usted esté leyendo este libro es parte de SU plan.

En octubre del 2013, me decía el Señor sobre el libro (mi preocupación era que no lograba entender cómo lo iba a hacer):

No te preocupes por el nombre del libro o sus contenidos, deja que mi Santo Espíritu fluya en ti, será muy ecuménico y ecléctico, retomará elementos de otras culturas. Busca el libro del padre Pagola S.J. (hacía referencia al libro Jesús Histórico) y lee más de Ignacio (hacía referencia a San Ignacio de Loyola, fundador de la Compañía de Jesús), te será de gran ayuda[8]. No se trata de qué tantos libros hayas leído, no te preocupes por eso[9].

Empezaré por preguntarle algo que sin duda tendrá mucho que ver con que usted continúe leyendo: ¿conoce usted la sensación de una especie de vacío entre el pecho y la espalda?, ¿la sensación de no estar completo, incluso en las mejores circunstancias de su vida? Por mucho tiempo tuve ese "vacío". Y varias personas con las que me encontraba, también lo experimentaban. Al parecer, el famoso "vacío" era más común de lo que imaginaba.

El "vacío", entonces, podía tener múltiples alarmas. Desde situaciones, como una pena de amor, una pérdida laboral o económica, hasta asuntos más dolorosos, como la pérdida de un ser querido o una enfermedad terminal.

Es en esos momentos complicados de la vida, cuando esa sensación pareciera acrecentarse, y donde todo pareciera estar en nuestra contra, sin aparente respuesta, es cuando Dios se vuelve una "opción". Incluso, a veces, es la única opción. Lo cierto es que esto lo aprendí por mi experiencia personal y por las experiencias que escucho a diario. Esa sensación de carencia tiene un origen y un único fin: la ausencia de comunión con nuestro creador que, en este libro, denominaré, Dios[10].

Pero usted dirá: ¿a dónde quiere llegar? Empezó hablando de Jesús, luego de unos sueños infantiles; luego, se refirió a un vacío interior, y ahora escribe sobre un ser supremo...

¡Sí! Él, Dios, un Dios vivo y real, como usted que lee y yo que escribo. Porque comprendí que sin él entre "el pecho y la espalda" experimentaba un tremendo vacío. Y ese vacío solo lo ha podido llenar su presencia amorosa.

No estoy hablando de una religión, estoy refiriéndome a una relación.

Usted puede cuestionarme, y esperaría que así lo hiciera: ¿una relación?, ¿con alguien que no veo?, ¿alguien que ni siquiera sé si verdaderamente existe? Y otra serie de cuestionamientos y observaciones. Y yo le diré que, por lo que he vivido y siento en mi corazón, Dios sí existe, para nuestra bendición, alegría y gozo.

Y aquí usted podría preguntarse: ¿gozo? Habla de dolor en el alma, pérdidas... ¿y luego dice gozo? Y nuevamente le respondo: sí, gozo, el gozo del Señor. El gozo más inimaginable posible, el gozo que no termina, el gozo de Dios, ese gozo del que habla el salmista: "Has cambiado en danza mi lamento: me has quitado el sayal, me has vestido de fiesta. Por eso mi corazón te cantará sin parar; Yahvé, Dios mío, te alabaré por siempre" (Sal 30: 12-13).

Espero que este preámbulo lo inquiete, para que siga leyendo. He tenido oportunidades inigualables de experimentar al Señor, tanto así que ya no puedo concebir mi vida sin él. Con este libro no pretendo hacer un tratado teológico (sería una pretensión atrevida y un desconocimiento de mi parte a quienes han estudiado de manera juiciosa y metódica sobre estos temas), ni un tratado del mundo espiritual, ni un compendio de la persona de Jesús. Lo que pretendo, con Su gracia, es que sea una oportunidad para que usted pueda mirarlo con otros ojos, dejarse amar por él, que es lo más maravilloso y transformador que pueda existir en el mundo, y hacer posible lo que él espera de cada uno de nosotros: establecer una relación íntima y personal con él.

Vea la descripción de la Madre Teresa de Calcuta sobre la persona de Jesús. Permítame copiarla, para que comprenda a lo que me refiero:

Para mí, Jesús es:
El Verbo hecho carne.
El Pan de la vida.
La víctima sacrificada en la cruz por nuestros pecados.
El Sacrificio ofrecido en la Santa Misa por los pecados del mundo y por los míos propios.
La Palabra, para ser dicha.
La Verdad, para ser proclamada.
El Camino, para ser recorrido.
La luz, para ser encendida.
La Vida, para ser vivida.
El Amor, para ser amado.
La Alegría, para ser compartida.
El sacrificio, para ser dado a otros.
El Pan de Vida, para que sea mi sustento.
El Hambriento, para ser alimentado.
El Sediento, para ser saciado.
El Desnudo, para ser vestido.
El Desamparado, para ser recogido.
El Enfermo, para ser curado.
El Solitario, para ser amado.
El Indeseado, para ser querido.
El Leproso, para lavar sus heridas.
El Mendigo, para darle una sonrisa.
El Alcoholizado, para escucharlo.
El Deficiente Mental, para protegerlo.
El Pequeñín, para abrazarlo.
El Ciego, para guiarlo.
El Mudo, para hablar por él.
El Tullido, para caminar con él.
El Drogadicto, para ser comprendido en amistad.

La Prostituta, para alejarla del peligro y ser su amiga.

El Preso, para ser visitado.

El Anciano, para ser atendido.

Para mí, Jesús es mi Dios.

Jesús es mi Esposo.

Jesús es mi Vida.

Jesús es mi único amor. Jesús es mi Todo.

Como puede ver, la Madre Teresa de Calcuta fue una profunda enamorada del Señor, una mujer que veía en cada ser humano, un hermano en Cristo. Desde ahí, acompañó y sirvió, con un amor y una vocación de entrega inigualable, lo que la convirtió en un referente mundial de amor y paz.

Este libro está compuesto por una serie de relatos sobre diferentes momentos de mi vida. Ellos, en muchos casos, son la mejor descripción posible de locuciones y visiones interiores. Algunos apartes estarán en tercera persona, siendo yo misma la voz de la narración; en otros casos, dada la experiencia, narraré en primera persona. El libro está compuesto por diferentes capítulos, que pueden ser leídos sin ningún orden específico. Las citas bíblicas son el apoyo de las narraciones. La imagen de la portada fue tomada por mí, en Aruba.

En varios apartados, cito los libros Él y yo, de Gabriela Bossi; De Jesús con cariño, de María (Sel.) Fontaine, y de la Imitación de Cristo, de Kempis. Estos son libros que consulto con frecuencia en mi oración y que, de manera especial, reafirman lo que el Señor me dijo, o responden a alguna inquietud de mi alma, en el momento de la oración.

El libro contiene reflexiones personales a partir de los mensajes del Señor[11]. A continuación, haré la relación de algunas revelaciones, a las que los jesuitas llaman "mociones del espíritu". Son revelaciones que tuve, a pesar de mi frágil humanidad:

Cuando hay comprensión, no hay necesidad de perdón.

Orar es hacer consciente la Trinidad que me habita y acontece en mí. Es saber escuchar.

Siempre, antes de hablar o responder, toma tiempo y clama mi presencia.

Haz conciencia de la necesidad de la docilidad a la fuerza creadora del Espíritu Santo.

Los secretos revelados son los propios para ir comprendiendo los recovecos del alma.

Quiero que seas feliz, esto irradiará la gloria de Dios en ti.

Arranca el día con una alabanza al Padre creador.

El origen del mal está en las faltas al mandamiento del amor.

Haz de cada opinión, o intento de juzgamiento, una oración de intercesión.

Necesito que subas un escalón en tu espiritualidad. ¿Cómo? Viéndome en todo y en todos.

Todos tienen un papel en la salvación, que nadie puede suplir.

I - LA SABIDURÍA VIENE DE LO ALTO

Mi deseo, y espero no ser muy pretenciosa, es que este libro sea un medio para compartirle lo que Él me ha ido regalando y enseñando. Quiero reiterar que es por pura gracia y no por merecimiento, pues debo reconocer, como el apóstol Pablo, que donde sobreabundó el pecado, sobreabundó la gracia. El libro contiene una serie de relatos y mensajes recibidos a través del tiempo, directamente a mí o a través de sus instrumentos[12].

Podrá usted notar que los relatos son "sencillos" y está ahí la grandeza de lo que él nos quiere decir. Como yo lo he experimentado, él no es complejo; al contrario, su pedagogía está concebida, increíblemente, a la medida de cada uno de sus hijos. Para mí, el título Maestro que solemos atribuirle es el reconocimiento de uno de sus más grandes atributos: el de guiar y enseñar. Una muestra de ello fueron sus parábolas. Piense, por favor, por un momento, a quién le hablaba en su época… a personas sencillas, personas que vivían en el campo (por el contexto geográfico e histórico labraban la tierra y vivían de la pesca). ¿Qué era lo más comprensible para ellos? Las analogías con su contexto cultural y social. Por eso, en sus enseñanzas usaba recursos narrativos de su vida cotidiana: las semillas, la tierra, la red, la pesca. Realmente, somos nosotros, en nuestro desconocimiento, los que hemos complicado todo, y lo ubicamos en un lugar lejano, a miles de kilómetros, en un lugar inaccesible y efímero.

Como le mencioné, lo que encontrará a continuación se puede leer de la manera en que lo guie el Espíritu Santo o según sus necesidades. Por favor, comprenda que no se trata de mí, ni pretendo mostrarme como "elegida" o "especial". De antemano me excuso si al leerlo le suena así, pues lo que él me ha ido diciendo es para usted, de manera particular, como lo fue para mí en su momento. Se trata de usted, de las cosas que sin duda él tiene para decirle. Sé, en mi corazón, que al leer algunos apartes y de manera inesperada, sabrá en su corazón, que son justo lo que necesitaba. Créame, estas cosas de la gracia de Dios se viven de esta manera, así lo he vivido yo.

Este libro empezará contándole cómo se transformó mi vida. Qué sucedió conmigo en 1998 y cómo, poco a poco, él ha ido transformándolo todo, al punto de estar usted leyendo esta historia.

Puede pensar, y tiene derecho a hacerlo, "pero es que usted no conoce mi historia, usted no sabe por lo que he pasado…" Y es verdad, excepcionalmente puedo conocer su historia, pero Él si la conoce perfectamente y ha estado pendiente de usted más de lo que imagina y aunque no lo crea. Poco a poco he ido aprendiendo algunas verdades; en el evangelio nos dice el Señor: "Conoced la verdad y ella os hará libres" (Jn 8:32). Estas palabras me han liberado de una vida sin sentido y me han llevado a una vida extraordinaria, la vida que ellos[13] quieren que tengamos todos. Porque nos dice el Padre Celestial: "Aunque tu padre y tu madre te abandonen, Yo nunca te abandonaré" (Sal 27: 10).

II - HISTORIA DE UN ÁNGEL

Para empezar[14], le compartiré la historia de un ángel encarnado y cómo un alma es salvada por la misericordia de Dios: Han pasado más de veinte años desde ese encuentro con lo divino. En medio de ese ambiente de silencio[15], rodeada de la más sublime naturaleza, invitada a un fin de semana de silencio (exterior), lo recordé[16].

¿Qué será de ese hombre de Dios, con dotes angélicos? ¿Qué será de sus misiones, en dónde estará ahora? ¿A quién estará rescatando, a quién le estará mostrando la majestad, la misericordia, la omnipotencia, la omnisciencia del Dios altísimo?

Desde hace veinte años, poco o nada ha vuelto a manifestarse en mi cuerpo de aquella enfermedad; realmente, la salud, como un regalo de Dios, es posible. Y yo la vivió.

Por momentos, en mi mente recorrí la escena que me permitió, a través de ese ser de luz, ver la mirada del Maestro. Fue en junio de 1998. Estaba en Pasto. La mañana había transcurrido en medio de la tranquilidad y la lentitud, que contrasta con el afán propio de quienes vivimos en las capitales, que deseamos hacer mil cosas a la vez, y el frío típico, que nos agrada a los visitantes que venimos de lugares más calurosos.

Luego de caminar y hablar bastante, por mi trabajo, llegué a aquel pequeño hotel cerca del centro de la ciudad. Era un lugar agradable, podría decirse incluso que familiar, pues siempre se encontraban los mismos viajeros. Como era de costumbre, regresé al hotel hacia el mediodía. Saludé a la recepcionista. Ella me preguntó cómo me había ido. Había sido una mañana productiva así que su respuesta fue un sonoro "muy bien, gracias", acompañado de una gran sonrisa. A pesar de ser mediodía, no pensé en qué iba a almorzar. Solo imaginaba la cama y una pequeña siesta antes de salir a buscar algo para comer. La jornada había sido larga, estaba agotada.

Me recosté en medio de esas cobijas abullonadas y, sin darme cuenta, me quedé dormida. Sin embargo, pasado un rato, el hambre me despertó. Pero por el frío y por hacer pereza, no tenía ganas de salir. Lo más sencillo, pensé, era pedir algo a domicilio.

Recostada como estaba, me estiré para alcanzar el teléfono. Cuando recuerdo ese dolor, lo hago con temor, pues viene a mi mente la punzada fuerte en la espalda, y un padecimiento como si me partiera en dos. En medio de aquel inesperado "ataque" al cuerpo, llamé a la recepción y con la voz entrecortada, pedí que llamaran una ambulancia. Pensé: "no tengo ni idea de a dónde ir o qué hacer, la ambulancia decidirá por mí".

Aquí empieza lo místico de la historia. Justo en el momento en que llamé, un huésped estaba entrando al hotel. la recepcionista había entrado en pánico ante la petición de auxilio. El huésped preguntó qué estaba ocurriendo. Ante las explicaciones recibidas, ofreció sus servicios. Se trataba de un paramédico. Dijo que, si lo permitía, él entraba a la habitación y me examinaba, mientras llegaba la ambulancia. Yo estaba sola, en una habitación a muchos kilómetros de casa y con un dolor que a duras penas le permitía coordinar los pensamientos, sin dudarlo, acepté el ofrecimiento de aquel desconocido. Aquello le cambió la vida.

Guillermo Marmolejo entró con paso rápido, aunque, podría

decirse, ceremonioso. Su sonrisa y amabilidad eran notorias. Me preguntó por los síntomas. Le advertí que no era apendicitis. Siendo estudiante en la Universidad del Valle, me la habían extraído de urgencias en el Hospital Universitario.

En breve tiempo la ambulancia llegó. Aún hoy, cuando escucho una sirena, recuerdo la camilla fría en que me subieron. Recuerdo incluso la tristeza que me embargaba mientras miraba el techo blanco del vehículo y escuchaba el retumbar de la sirena. Aún hoy cuando voy manejando y escucho ese particular sonido, quisiera subirme al andén, o volar, pues pienso en la angustia del conductor, en la preocupación del paciente por alcanzar el hospital... en fin, hago conciencia de la fragilidad de la vida.

Nadie me preguntó qué servicio médico tenía. Y yo poco podía pensar. Por tanto, me llevaron a un hospital de caridad en el que no había ni qué, ni con qué inyectarme.

Cuando estaba entrando al hospital sentí mi estómago revolcarse y empecé a vomitar un líquido agrio, amarillo como de resaltador. Además, experimenté un desvanecimiento que superaba lo que conocía de enfermedad a mis 23 años de vida.

Los médicos no atinaban al diagnóstico. Por fracciones de segundo, el amable huésped corría hasta la farmacia a comprar los medicamentos que me aplicaban para el dolor. Si me hubieran preguntado, y mi opinión hubiera tenido importancia, hasta morfina hubiera pedido. Estaba desesperada.

Aún recuerdo que tuve que ir al baño con aquel desconocido. Él sostuvo el suero mientras orinaba. ¿Se imagina la escena? ¡Qué vergüenza! Tan mal estaba que se olvidé el pudor. La incertidumbre era enorme. No saber qué tenía, y estar sola y lejos de su casa.

Al terminar la tarde, hasta hoy no es claro cómo, ni por qué, me trasladaron a una clínica de la ciudad, en donde, a diferencia del hospital, había una habitación disponible con las ayudas diagnósticas necesarias para definir lo que me aquejaba.

Recordando estos hechos, me pregunto: ¿cómo llegue a la clínica?, ¿quién consiguió que me trasladaran? Todo adquiere sentido cuando hoy, pasados tantos años, y reflexionando sobre el Dios en el que creo, puede comprender que él, y solo él, podía estar detrás de esos acontecimientos.

En la clínica, en la mitad de la sala, estaba aquella pantalla oscura llena de imágenes que los pacientes no comprendemos. Finalmente, el médico encontró la causa de la aflicción y con voz firme dijo: "Tiene cálculos, señorita". Recuerdo lo que mis ojos no entrenados para leer radiografías pudieron ver: una imagen que tenía la forma y el tamaño de un fríjol.

El médico me explicó el proceso que estaba dándose. Aquel elemento extraño buscaba salir de mi cuerpo, atravesando los conductos urinarios y desgarrando. La recomendación del galeno fue simple: "Observe con atención cada vez que orine. Esperemos a ver qué pasa. Si no lo expulsa, deberemos considerar una posible intervención".

La razón se me nubló. Solo atiné a decir que tenía vuelo para Cali, al día siguiente, a las 6 de la mañana. Le dije al médico que me iba bajo mi responsabilidad. Discusiones iban y venían, entre las razones médicas y las mías. Finalmente, "gané". Firmó una declaración en la que libraba al médico de cualquier responsabilidad y obtuve la orden de salida, a primera hora del día siguiente.

Ahora tenía varios asuntos por resolver. No había pagado el hotel, no tenía hecha la maleta y no me dejaban salir de la clínica hasta legalizar la orden de salida, como lo había estipulado el médico. De nuevo, Guillermo al rescate. Él retiró dinero, pagó facturas, organizó las maletas y me llevó lo mínimo necesario para pasar la noche (ropa para dormir y elementos de aseo).

El cansancio y la medicina me ayudaron a dormir, a pesar del hambre, pues no me daban nada de comer, por si requería cirugía. Muy temprano, con una bolsa de suero y un paquete con implementos de aseo, fui hasta el hotel para recoger la maleta, no se la entregaron a Guillermo a pesar de que en el hotel lo conocían y sabían lo que había sucedido.

El vuelo se hizo eterno. Sentía que todos me miraban con pesar. Tenía el rostro pálido, enfermizo, y además una bolsa de suero. Mi imagen era patética. Ya en Cali, me recogió mi novio y mi papá. Los dos no pudieron disimular la preocupación al verme. Pude notar cómo mi novio se secaba con disimulo las lágrimas. Durante el trayecto, poco se habló. Solo las típicas palabras de aliento: "tranquila, vas a estar bien, no te preocupes".

Ya en la clínica Sebastián de Belalcázar, me hicieron nuevos exámenes. Uno de estos, con líquidos de contraste. El diagnóstico: ¡señorita, usted no tiene nada! Yo sabía lo que había experimentado y lo que vi en la ecografía, por tanto, insistía en que encontraran el "frijolito" pedía al personal médico que volviera a revisar los resultados, la máquina, todo. Nuevamente me ratificaban: "no tiene nada, ni rastros de haber tenido nada". En ese momento, no entendí. Los "puntos", solo pudo conectarlos, un mes después, cuando volví a Pasto a entregar la zona. Había sido trasladada y me iría a vivir a Medellín.

Cuando llegué al hotel, me encontré a Guillermo. Es probable que usted piense: qué casualidad. Le termino de contar y verá qué es a lo que, con respeto y admiración, denomino "diosidencia". Salte a abrazarlo, como quien ve un amigo muy querido después de mucho tiempo. Mi gratitud era inmensa. Tras una charla corta y una invitación a cenar se cerró el fugaz encuentro.

La charla durante la cena transcurrió entre risas. En la conversación, Guillermo mencionaba todo el tiempo a Jesús. Y no solo en la cena, también lo hizo el día del incidente. Respetuosamente, escuchaba sin preguntar. La cena culminó con una invitación, poco usual de parte de él. Me dijo: "Te invito a mi cuarto, para que oremos". No sabía cómo disimular mi asombro, ni qué decir. Lo cierto es que terminé en la habitación de aquel hombre, mayor de cuarenta y tantos años, hincada de rodillas, a un lado de la cama.

Él empezó a orar. Yo trataba de seguirlo. Las oraciones me eran conocidas. Sin embargo, en algún momento, el ambiente empezó a transformarse y una infinita paz invadió ese cuarto de hotel. Las lenguas del Espíritu de Dios se manifestaron a través de él[17]. Fue ahí cuando comprendí qué era lo que ocurría y la vergüenza me invadió. Empecé a llorar como no recuerdo haber llorado hasta ese momento. Solo escuchaba aquella lengua irreconocible, claramente llena de la presencia de Dios.

La misericordia de Dios, uno de sus atributos, por el que sor Faustina es conocida en todo el mundo, ese día se hacía visible y presente. Este ser de luz empezó a "traducirme" y a explicarme lo que sucedía. Le dijo: "soy un ángel encarnado, enviado por Dios para salvarte, eso explica por qué llegué en el momento justo, a la hora indicada, al hotel. Tú ibas a morir. Ese era el plan del enemigo para ti. Sin embargo, el dueño de la vida es Dios y es él quien decide cuándo las personas deben partir. Tu misión no ha empezado, debes ir a tierras lejanas". Para este momento no le había hablado de mi traslado a Medellín. Mi asombro aumentaba. Enseguida, escuché estas palabras: "Quien te habló era el Señor Jesús".

En este punto del relato se pueden conectar más cosas. Comprende usted, cómo, de no ser por el regalo de Dios a través de Guillermo, aquella tarde, usted no estaría leyendo este texto. El entramado de hechos y circunstancias que Dios maneja para que sus propósitos se cumplan es sencillamente inimaginable. ¿Cómo lo hace? ¿Cómo maneja todos los tiempos y espacios para que cada cosa se conecte y logre hacerse su voluntad? Claramente, nuestra mente limitada, nunca lo podrá comprender. Lo cierto es que logre "ver", cada vez más, estos puntos y su conexión.

Sé que me dijo más cosas, pero lo que sentía era tan fuerte que se me nubló la memoria. Era demasiada información. Muchas sensaciones como para tenerlas presentes. Más, cuando han pasado tantos años. En el momento de la explicación del mensaje divino, el llanto era imparable. Las emociones en mi alma no se pueden describir y la paz no puede explicarse. Este ángel trasmitía mensajes del cielo, hablaba de mis pensamientos más profundos, me explicaba cosas de mi vida, de mi infancia ¿Cómo no creer?

En medio de los Ejercicios Espirituales de San Ignacio, meditaba en aquel versículo bíblico que dice que él es "un Dios lento a la cólera y rico en misericordia" (Núm 14: 18) ¡Cómo lo entendí aquella noche!, ¡cómo lo sentí en ese momento!, ¡cómo me inundó el alma el recuerdo de esa mirada llena de paz, llena de luz, llena de amor! En el silencio a que invitaba el retiro, mi corazón se extasiaba recordando que la palabra de Dios es real, que él es real, que su amor supera todo y que incluso, yo, pecadora como era y soy, merecía de él una oportunidad. Y muchas más.

Suena un poco loco, ¿no? Realmente lo es. Es la locura del amor de Dios, la locura de la cruz. Sabiamente, por inspiración del Espíritu Santo, el apóstol Pablo dijo: "Porque la palabra de la cruz es necedad para los que se pierden, pero para nosotros los salvos es poder de Dios" (1 Co 1: 18).

Es por esto que doy testimonio de que el amor de Dios por nosotros es una locura y que no conoce medida, espacio o límites. Y fue esto lo que la atrajo a buscar una relación con el Maestro. Este episodio marcó un hito en mi vida. De hecho, fue la oportunidad para seguir viviendo y, gracias a esa oportunidad, hoy puede compartirle esta historia.

Porque tanto amó Dios al mundo que le dio a su único hijo (Juan 3: 16).

III - UN PLAN DE AMOR PARA SALVARNOS

"Porque tanto amó Dios al mundo que le
dio a su único hijo" (Jn 3: 16).

Este es un mensaje del Señor, en medio de mi oración, cuando tuve la oportunidad de vivir diez días de Ejercicios Espirituales de San Ignacio[18] en la casa Santa María de los Farallones, en Cali, en medio de una contemplación sobre la pasión de Jesucristo[19].

Esta es la mejor transcripción que pude hacer de esa contemplación:

La Trinidad contemplaba hacia dónde se dirigía la humanidad. No eran plan del Padre los oprobios de su pueblo elegido. Esos oprobios clamaban su justicia. Él le había prometido a Noé no destruirlo todo, ¿qué hacer? ¿Qué podía equilibrar su justicia? Solo su propio hijo, me dice el Señor. Fui Yo quien me ofrecí. El corazón de mi Padre se partió en dos, nosotros que somos unidad. ¿Yo, el hijo de sus entrañas, la fuente de su felicidad, separado de Él o su creación, el fruto de su amor? Así debía ser...

Los profetas empezaron a preparar el camino para la venida del Mesías, cuando fuera el tiempo propicio, también mi Madre empezó a ser preparada, para que pudiera recibir esta misión. Ella nacería de una pareja de justos, que recibirían el encargo de ser los padres de la Madre de Dios. Desde que habitaba el vientre materno, en el corazón de mi madre, todo giraba en torno a la entrega y al amor de Dios, no había momento del día en que ella no estuviera abandonada al Padre Celestial, en plegaria permanente. Todo en ella alababa y alaba la majestad del Dios de Israel.

Puede usted imaginar esto, por favor vuelva a leer la escena y sienta las palabras; es la mejor narración de lo que pude "ver y escuchar".

Por algún momento se ha puesto a pensar (suelo tener estas conversaciones complejas y extrañas con el Señor) ¿qué necesidad tenía el Unigénito del Padre, el Rey de Reyes y el Señor de señores de venir a este mundo? La respuesta se hizo evidente después, leyendo un fragmento del libro de Daniel, en el Antiguo Testamento, precisamente los capítulos donde se trata este asunto.

Es ahí, cuando comprendo el gran regalo que había recibido en esa contemplación, que se respalda en la Palabra de Dios:

Miraba yo en la visión de la noche, y vi que con las nubes del cielo venía uno como un hijo de hombre; vino hasta el Anciano de días, y lo hicieron acercarse delante de Él. Y le fue dado dominio, gloria y reino, para que todos los pueblos, naciones y lenguas lo sirvieran; su dominio es dominio eterno, que nunca pasará; y su reino es uno que nunca será destruido (Da 7:13-14)

Muchas cosas ha de haber escuchado, otras ni siquiera las imagina, porque nadie se las ha contado, pero lo cierto es que Ellos son reales, son espíritus que habitan en otra dimensión (explicárselo no es tan sencillo como quisiera), y por el gran Yo soy todo fue creado.

Porque en él fueron creadas todas las cosas, tanto en los cielos como en la tierra, visibles e invisibles; ya sean tronos o dominios o poderes o autoridades; todo ha sido creado por medio de él y para él (Col 1:16).

Trataré de hacer otra analogía: ¿Usted ha visto el aire? ¿Ha podido tocar el sol? ¿Dudaría que existan el aire y el sol? Que no los pueda ver o tocar no significa que no existan. Gloria a Dios, no son un yeso inamovible, ni un elemento que se acaba, son la eternidad misma, son la realidad eterna. Ver Jer 10: 5-7.

Hay tanto que quisiera compartirle, tantas verdades que no conocemos, tanto que falta por conocer, tantos misterios no develados... Por eso, en el Antiguo Testamento, la Palabra de Dios nos dice:

Mi pueblo se va muriendo por falta de conocimiento (Os 4: 6).

A propósito de esta cita, debo escribir cómo en algún momento pensé: ¿Cómo se perece? ¿Muero, literalmente? ¡Mucho tiempo después comprendí, que bíblicamente, cuando nos hablan de la muerte, nos están hablando de no tener relación con Dios, de perder la comunión con él. Y eso es estar muerto, habitar en la oscuridad. Y no habitar en la presencia del Señor, es doloroso y desesperanzador. Porque somos trinitarios: tenemos un espíritu que viene de Dios y es con este espíritu, con quien Dios se comunica. Un alma donde albergamos nuestros pensamientos, emociones y un cuerpo.

Vidas vacías, sin luz interior; ve ahora cómo va tomando sentido lo expresado al inicio, sobre ese vacío interior, ese no sé qué en no sé dónde, ese vacío... no somos nada sin él, sin Jesús, él es el templo de la divina sabiduría, Tabernáculo del divino conocimiento[20], él mismo se lo dijo a sus apóstoles innumerables veces (Jn 15: 1-17).

Somos pequeños en el universo, aunque para él, lo somos todo. Orando, un día me dijo: "Volvería a dar mi vida por cada uno si fuera necesario". Y en otro momento, le pidió (él, majestad infinita, a ella, su pequeña hija[21]):

Ayúdame a que vean quién soy realmente: amor y bondad. Hay imágenes tan distorsionadas de mí... hay que desmitificarme a mí y a mi Padre, lo tildan de justiciero y vengador, cuando todo en él es ternura, todo en él es dulzura, todo en él exhala santidad y amor. Mira la naturaleza que creó para deleite de mis hijos, quiero que me veas en todo, observa.

Este es uno de los tantos mensajes donde él me enfatizó por qué escribir este libro. Por esto, querido lector, espero que las siguientes narraciones cumplan el propósito de mostrarle otra dimensión de lo que tradicionalmente nos contaron de Dios, y en general, del mundo espiritual.

IV - ALGUNOS HECHOS QUE PRECEDEN ESTE TEXTO

Recibí muchas indicaciones, algunas muy claras y otras que interprete con el tiempo, para ir concretando, poco a poco, este libro.

Le decía el Señor[23]:

Irás donde Yo te mande y dirás lo que Yo te diga, porque soy tu Dios. Yo te indicaré qué hacer y qué no hacer. Los mensajes serán muy claros. Necesito que te prepares, que leas la Palabra, que utilices la Palabra como espada de doble filo.

Pues viva es la palabra de Dios y eficaz, y más cortante que cualquier espada de dos filos. Penetra hasta la división entre alma y espíritu, articulaciones y médulas, y discierne sentimientos y pensamientos del corazón. No hay criatura invisible para ella: todo está desnudo y patente a los ojos de Aquel a quien hemos de dar cuenta (Heb 4: 12-13).

Durante la lectura de un libro de Ana Catalina de Emerick[24], el Señor me decía que leyera con atención, que debía comprender que el enemigo había pedido permiso para destruirme[25].

Que tuviera que "pedir permiso" me sonó un poco extraño. No obstante, es lo que he aprendido. Y es que este ser no tiene poder autónomo sobre nosotros. Por ello necesita permiso para actuar. Esta no fue la única ocasión en que el Señor le advirtió sobre el peligro. Está en el libro de Job. Si alguna vez ha escuchado la expresión paciencia del Santo Job, esta proviene de la historia de este Santo, que atravesó duras pruebas, aunque al final, confiando en Dios, salió victorioso. Ver Job 1: 6-12.

Un ejemplo de lo mencionado es el relato del ángel encarnado. Aunque esa no es la única historia sobre salvaciones milagrosas. Permítame le relato algunos hechos más.

En el 2009, era docente en la Universidad del Valle, en la sede Tuluá. Como tenía que desplazarme, para optimizar el tiempo y los recursos había organizado mi horario de tal manera que, los lunes llegaba a dictar clases de 8:00 a.m. a 12:00 m. y, en la tarde, supervisaba estudiantes en práctica laboral. Al finalizar la tarde, regresaba a Cali, a la Fundación Universitaria Lumen Gentium, sede colegio Santa Isabel de Hungría. Debido a la ruta y los tiempos, lo más práctico era ir en el carro, para cumplir con los compromisos.

Salí temprano, como era costumbre los lunes. Cuando iba en la vía Cali - Palmira para tomar la vía de Rozo, comencé a sentir sueño, como seguramente les ocurre a quienes han tenido microsueño. Siempre se cree que es posible controlarlo, que no va a pasar nada grave, pero no es así. La persona se queda dormida, por más que intente estar alerta. En fracciones de segundo, cuando desperté, noté que estaba fuera de la carretera, intentaba detener el vehículo, pero este no respondía. El carro estaba sobre el pasto y las llantas se deslizaban como si rodaran sobre jabón.

Finalmente, con el freno de mano, logré detener el auto. Empecé a mirarme. Primero las piernas, luego los brazos, todo el cuerpo: no tenía ni un rasguño. Me bajo del carro y veo que estoy sobre una especie de cuneta. La llanta trasera izquierda está completamente destruida. Miro a mi alrededor y no veo a nadie. La carretera de doble calzada y amplias zonas verdes se ve completamente vacía.

Nunca supe cómo ni de dónde, en segundos llego una camioneta. Un hombre se baja apresurado y me pregunta si me encuentro bien. Yo no atinaba para responder, le digo que sí, que no me ha pasado nada, que tengo que resolver lo de la llanta y sacar el carro de ese hueco. Él, con cara de asombro, responde que no se explica cómo es que estoy bien, y cómo no me estrelle con el poste ni se volteó el carro.

El hombre me muestra un poste de energía, a unos cincuenta metros. Y dice: "usted venía por la carretera y, de un momento a otro, el carro comenzó a desviarse. Iba directo hacia el poste, pero le hizo un quite y se salió de la carretera. Vino a estrellarse con la alambrada, atravesó la cerca y la zona verde. Increíble. El espacio era muy preciso. Si no manejaba bien el carro se hubiera volcado o estrellado con el poste". Yo le explico que me quede dormida, y le cuento que logró parar el carro ya estando entre la cuneta. Entonces, el amable samaritano, responde: "¿cómo así que estaba dormida?, no es posible". Mientras están conversando, sin saber de dónde, aparece otra camioneta de la que se bajan dos hombres, que me dicen: Señora, ¿está bien? Y de nuevo cuento lo sucedido.

Enseguida, los tres hombres maniobraron el carro y lo sacaron de la cuneta. Literalmente, "lo cargan". Ponen la llanta de repuesto, y me dicen que esté tranquila.

En medio del asombro y los nervios, logro llegar hasta la sede de la Universidad del Valle en Tuluá. Ya en el salón, me desmorone. Mis estudiantes presenciaron el ataque de nervios porque, solo allá, hice consciencia de que pude haber muerto.

El regreso a Cali fue otra osadía. La llanta de repuesto falló, y tuve que andar un buen trayecto sobre el rin que, a causa del movimiento, todo el tiempo lanzaba chispas. No paré porque iba por la Avenida Ciudad de Cali, por un sector muy difícil. Cuando por fin llegué a la casa, sentí que me volvió la vida. Y alabe a Dios, que otra vez tuvo misericordia y me mandó a tres ángeles en el camino.

Esa misma noche, una muy querida amiga que tiene el don de visión espiritual[26] me reveló cómo mi ángel de la guarda había manejado el carro. Y no solo el ángel que manejó el carro, sino también los que aparecieron para socorrerme. Claramente, todo esto ocurrió por la gracia del Señor.

El mal no te alcanzará, ni la plaga se acercará a tu tienda. Él ordenará a sus ángeles que te guarden en todos tus caminos. Te llevarán ellos en sus manos, para que en piedra no tropiece tu pie; pisarás sobre el león y la víbora, hollarás al leoncillo y al dragón. Puesto que me ama, lo salvaré, lo protegeré, pues me reconoce. Me llamará y le responderé, estaré a su lado en la desgracia, lo salvaré y lo honraré. Lo saciaré de larga vida, haré que vea mi salvación (Sal 91: 10-16).

V - DE NUEVO UN ÁNGEL VIENE AL ENCUENTRO

La historia del ángel que interviene en el camino a Tuluá tiene relación con otra intervención angelical que tuvo lugar bajando por la vía las Palmas, en Medellín.

En esta ciudad, viví por más de cuatro años. Una tarde de domingo había salido a pasear con mi novio y unos amigos. Cuando regresábamos, había operación retorno. Toda la vía estaba en solo sentido, de bajada. El Mazda 323, modelo 1985, es un vehículo de frenos de campana, que se "recalientan" por el uso. Por tanto, en vías como la que estaba transitando, la recomendación era frenar, combinando velocidades y freno. yo no tenía ni la menor idea de eso.

Toda mi vida había vivido en Cali. Bajaba pegada del freno[27]. En una de esas, cuando fui a frenar, el pie siguió hasta el fondo, la sensación fue horrible. Todos los que iban en el carro se dieron cuenta y dijeron al unísono: "nos matamos". Entre esa expresión y los microsegundos transcurridos, el carro se detuvo. Ocurrió lo siguiente: el carro bajaba del lado de la montaña, es decir, estaba en el carril derecho. Adelante y atrás había alto flujo de carros. Tres acciones podrían detener el vehículo:

1.   Tirar la dirección hacia la derecha para evitar chocar con el carro de adelante, lo justo para no meterse en la cuneta[28].

Mientras esto pasaba, yo sentía unas manos sobre mis manos, tan palpables y reales, que explicaban lo sucedido.

2.   Poner estacionarias para avisarle al vehículo que venía atrás, que el carro se detendría de manera inesperada en plena operación retorno y en curva cerrada.

3.   Accionar el freno de mano.

Dos manos, tres acciones, un carro que se detiene en medio de un alto flujo vehicular, que milagrosamente no se choca con el carro de adelante ni lo chocan el de atrás. Cuando el carro se detiene, me baje temblando. Todos me preguntaron: ¿Cómo lo hiciste? Solo atine a contar lo de las manos sobre mis manos...

En medio de esta situación, aparece una ambulancia que se estaciona para desviar el tráfico, pues el carro, además, había quedado estacionado en una curva que era un punto ciego, con el peligro de que lo estrellaran. Pasado un momento, las personas se acercaron y pudieron hablar de lo ocurrido. Aconsejaron esperar a que los frenos se "enfriaran", más o menos en unos 40 minutos. Pasado este tiempo, bajaron sin problemas[29].

Como usted puede ver, Dios está pendiente de nosotros. Y sin su intervención, ni siquiera hubiera podido pensar este libro. Decía el Señor sobre este libro: "Te necesito llena de mi Espíritu Santo, hay mucho trabajo".

La mies es mucha y los obreros pocos. Rogad, pues, al Dueño de la mies que envíe obreros a su mies. Id, pero sabed que os envío como corderos en medio de lobos (Lc 10: 2-3).

Hay mucho que conocer de Dios, hay mucho que espero poder trasmitirle. Sobre todo, hay mucho que agradecer a Dios por su amor misericordioso.

Cuando muchas cosas empiecen a pasar, serás criticada y juzgada, pero a su tiempo verán que es de Dios y que viene de mí, no te preocupes y siempre apóyate en mí[30].

Frente al libro siempre hubo mil preguntas. Y él decía: "Solo necesito tu convicción y voluntad". En medio de mi oración me prometieron viajar al Reino de Dios, un "ver lo no visible", como lo dice la Palabra. Entonces, Él le indica leer Romanos 4: 20-25.

VI - RECIBIR UNA MISIÓN

Varios hechos confirmaron la misión que debía cumplir. Este relato obedece a uno de estos momentos. En medio de la oración, pedía palabra[31] y en su corazón sabía que iba a salir el texto de Ezequiel y su misión. Y el Señor le dice:

Te reafirmo mi promesa y mi petición: irás por las naciones y muchos te seguirán. Yo te enseñaré a revelarme y a mostrarme, para que no te sigan a ti, sino a mí.

Hace muchos años, tal vez más de 25, de manera insistente le había preguntado al Señor cuál era su misión en este mundo, para qué había venido. Y la respuesta era un texto del libro de Ezequiel, cuyo título es precisamente: "Ezequiel recibe su misión". Muchas veces este texto era la respuesta a mi pregunta, como para que no me quedara duda: "háblales y diles: 'esto dice el Señor Yahvé', escuchen o no escuchen" (Ez 2: 1-9 y 3: 1-11).

Cuando tenemos un llamado, es imposible huir de él; nos pasa como a Jonás, por más que huyamos, más rápido nos "traga la ballena". Nos lleva hasta el fondo y reconocemos nuestra nada y la necesidad de Dios.

Lo invito a leer el libro de Jonás. Es muy corto y revelador. de manera especial, le resalto la oración de Jonás en el vientre de la ballena, muy recomendada para momentos en los que nos sentimos como dicen coloquialmente: "en la inmunda".

Allanad caminos para mi pueblo a esto te he enviado[32]

Allanad, allanad, abrid camino, quitad obstáculos a mi pueblo. Que esto dice el Excelso y Sublime, el que mora por siempre y cuyo nombre es Santo: "Yo moro en las sagradas alturas, pero me ocupo de humillados y abatidos, para avivar el espíritu de los abatidos, para avivar el ánimo de los humillados" (Is 57: 14-20).

Cuando acerques a mis hijos a mi Palabra, cuando les muestres mi misericordia… haz que me conozcan.

Esta misión que Dios me ha encomendado es mi celo, es mi propósito y, a la vez, mi alegría.

VII - RECIBIENDO UN GRAN ENCARGO, AFIANZANDO LA MISIÓN

Producto de un retiro de liderazgo al estilo de los jesuitas, me hice una pregunta fundamental: Señor, ¿qué quieres de mí? Y él no tardó en responder[33]:

Que seas más líder, que llegues a montañas muy altas, que me ayudes a guiar a otros a salir de la oscuridad de la ceguera de sus espíritus. Te necesito llenando mi reino por las naciones y guiando a otros a mi luz. Tienes autoridad para eso y tu propósito no es otro. Irás a cada uno porque te guía mi Espíritu, no pienses que todos te comprenderán, porque habrá cosas muy elevadas para algunos, pero la verdad del evangelio tiene que ser revelada. Es urgente. Si te dejas guiar por mí y eres dócil al actuar del Espíritu Santo tendrás las palabras necesarias para los hijos de Dios. Debes cuidar tus pasos porque ahora eres vista, no quiero que estés prevenida o angustiada, solo quiero que seas consciente. Se va a empezar a conocer lo que haces, quiero que seas humilde, que otros se enteren, no por ti. Necesitas más tiempo de oración. Es vital, pequeña, ¿hasta cuándo?[34]

Acuéstate más temprano para que te levantes temprano. Necesitas intimidad. Pídeme, postrada[35], mucho de lo que anhelas. Comprende que esa postura te pone en el lugar de la contrición para ser exaltada. Sé que te cansas fácil en esta postura. Cuando no puedas, tírate al suelo completamente.

Ama mucho con mi amor. Pídeme, amor en medida abundante, ama desde mi corazón. Sé fuente que no se seca de amor a los otros. Te he dado mi corazón para expresarte en amor y para amar. Piensa en cómo haría Yo para hablar a otros. Habla desde mi amor misericordioso, abraza desde mi amor sanador, mira con mis ojos penetrantes. Todo, amada mía, es el amor, se basa en el amor, es amor.

Tú quieres ir a muchos lugares, ¿cierto? No es nada diferente de lo que Yo he sembrado en tu corazón, de lo que puede ser tu propósito. Camina conmigo, pídeme pisar mis huellas e ir siempre de mi mano amada mía, ¿qué error en el camino puede haber si seguimos el sendero que nos sembró el amado Padre para que su reino se estableciera en el mundo? Te he dado autoridad y unción que todo en ti alabe y glorifique al Dios del cielo. Austeridad para servir porque no es para ser servida, no puedes perder el norte, aunque seas autoridad, te la hemos dado para servir a Dios en el prójimo. No es la autoridad del mundo para humillar y pisotear; esa no es la de Dios. Es una desvirtualización del concepto.

Yo le decía, Señor ¿cómo puedo servirte?
Él: Habla de mí, manifiéstame, que sea imposible no reconocerme en ti. Revélame.
Ella: Guíame tú.
Él: Déjate.
Ella: Ayúdame por favor.
Él: Es mi anhelo.
Ella: Te amo.
Él: Yo, más. Pídele a mi Madre que te ayude. Ella, que también refleja al Padre amor. Cada documento que prepares, cada texto, cada guía, pídeme instrucción. Cada video que veas y desees que ellos vean, pídeme verlo con mis ojos, déjate guiar. Quiero im-

pactar e influir. Déjate guiar[36].

VIII - UN LLAMADO CONSTANTE A CUMPLIR SU ENCARGO

Concretar este libro ha sido un reto personal grande. A pesar de la mucha información recibida de lo alto, ha sido dispendiosa la compilación y organización de los textos.

Meditando sobre el libro, pensé en este título: Si alguien me hubiera dicho, cuántas cosas me hubiera evitado. Hubo asomos de imágenes de lo que podía llegar a ser la portada. Concretar lo que finalmente quedó ha sido también un gran aprendizaje[37].

En varios apartes del libro se comentan varias narraciones sobre mi experiencia en la Universidad Javeriana[38], y sobre por qué estuve ahí. Él me decía: habla de mí y de mi plan de amor. Y me regaló un texto del libro de Jeremías. Sus palabras y su Palabra me dejan absorta:

El que dispersó a Israel lo reunirá, lo guardará como un pastor a su hato. Porque ha rescatado Yahvé a Jacob, lo ha liberado de una mano más fuerte. Vendrán dando hurras a la cima de Sion, acudirán en masa a los dones de Yahvé: al grano, al mosto y al aceite virgen, a las crías del rebaño y la vacada, y serán como huerto empapado, ya no volverán a estar macilentos. Entonces las chicas bailarán alegres junto con mozos y adultos; cambiaré su duelo en regocijo, los consolaré y aliviaré su tristeza; saciaré de enjundia a los sacerdotes, mi pueblo se hartará de mis bienes —oráculo de Yahvé (Jeremías 31).

Otro posible título fue Una vida maravillosa. Y Él decía: Se va materializando en tu mente lo que pongo en tu corazón. Y me da a leer Jeremías 20: 11-12.

Cuando escribas tu libro, habrá quien te critique y te juzgue, pero no te dejes amedrentar, porque serán más los que serán objeto de bendición, por ellos iremos, no por los que no podrán ver.

Te has dejado seducir y mi seducción no es engañosa, es personal y eterna. Amada mía, esposa mía[39], déjate ataviar con mis dulzuras, déjate llenar de mi ternura y de mis gracias. Sé luz para el mundo, porque yo habito en ti. Cree que yo te he dado autoridad sobre todo reino, sé consciente del poder que fluye en ti. Haz el bien. Por el mundo, mi pequeña; por el mundo iremos juntos. ¿Acaso has olvidado mis promesas? Viajar por todo el mundo, llenar auditorios, estadios y coliseos. Tu libro llenará muchos corazones, entrega los deseos de tu corazón, tus anhelos, tus sueños[40].

A través del libro de Gabriela Bossi, Él y yo[41], decía: "Dad gracias por haber sido colmada por encima de tus méritos".

Y me dijo:

Es tan sencillo estar concentrados, piensa en mis promesas, mi nombre. ¿Cómo entro a tu corazón y tu mente si no me llamas?

En medio de la oración, al pedir su Palabra a través del Espíritu Santo, me regaló este texto que continuaba afirmando la misión[42].

Voz del que clama en el desierto: Preparad el camino del Señor, enderezad sus sendas (Lc 3:4-18).

Tú estás llamada a anunciar las buenas nuevas del reino de los cielos. Allana mis caminos, allana mis caminos, abre sendas.

Estando de tránsito en Panamá[43] (venía de Guatemala de visitar unas amigas), me dice:

¿Por qué dudas de mis propósitos y promesas? Te he ido instruyendo para que seas luz de las gentes.

Y me regala del libro de Isaías:

¡Oídme, islas, atended, pueblos lejanos! Yahvé me llamó desde el seno materno; ya desde el vientre recordó mi nombre. Hizo mi boca como espada afilada, en la sombra de su mano me escondió; hizo de mí saeta aguda, en su carcaj me guardó. Me dijo: "Tú eres mi siervo (Israel), en ti se manifestará mi gloria" (Isaías 49: 1-3).
Un tiempo después[44]:

Piensa en mí, piensa en mí. Tengo tanto que mostrarte. Necesitamos trabajar en el libro, lo esperan...

IX - OTRAS REVELACIONES QUE CONTINUABAN AFIANZANDO LA MISIÓN DE ESCRIBIR

Son frecuentes las visiones donde me veo hablándole a multitudes[45]. O en un avión, al lado de la ventana, leyendo y preparando una conferencia. Pensaba si era una locura, y si mi mente me estaba jugando una mala pasada. Además, me preguntaba, ¿cómo sería posible? A lo que él rápidamente contestaba:

Dios: Yo soy el Dios de los cómo. Pongo mis manos en tus manos; Bendecirás, si crees en mi Palabra. Solo alza las manos[46]. Te confirmaré este regalo que te he hecho. Guárdalo en tu corazón y en tu libro. Sentirás profundos dolores... Por amor a mí.

Yo: No soy digna, Señor.

Dios: Tu mirada, tu mirada siempre de amor, tus ojos son mis ojos.

Pasados todos estos años y viendo con mirada de retrospectiva, como armando el rompecabezas de una historia, lo que ha pasado, los hechos y las fechas se contienen en este libro. Ha sido la gracia del Señor ayudándome en la escritura y el aporte invaluable de las oraciones de quienes la acompañan en este caminar lo que hizo posible que el libro fuera terminado[47].

¿Por qué te afanas por el futuro? Déjamelo a mí, ¿Por qué piensas en los cómo?

Me vi en esa meditación en mi misión con Él, en medio del desierto, con un vestido hermoso y una mochila que contenía una biblia y un grano de mostaza. Y me dijo que muchas veces irían ahí cuando él necesitara darme instrucciones[48].

Por eso voy a seducirla: voy a llevarla al desierto y le hablaré al corazón (Os 2: 16).

Necesitas más docilidad. Terminarás trabajando para mí, escribiendo, dictando conferencias, orando por otros. No te preguntes los cómo, ni los cuándos, que yo te mostraré cada cosa en su debido momento. No será intempestivo, te conozco y sé que no puedes manejar esas cosas. Además, no sería sencillo. Todo irá tomando su propósito, hija tan querida.

Ves aquí la semilla del sueño en tu corazón. Serénate. No te quiero corriendo por la vida. Cuando corres no escuchas mi voz. La caridad muchas veces es tiempo, amor, atención con los que están cerca de ti. Por ejemplo, ¿cuándo has orado por quien cuida tus hijos? Mira a tu alrededor. No tienes que ir muy lejos, el que te cuida el carro, el del semáforo, quien te sirve en la universidad. ¿Por qué la caridad la limitas a limosnas, acaso solo eso pido? Cuando te pido que ores por ellos, cuando necesitan de tu tiempo… hay expresiones de la caridad, pero su esencia es el amor al prójimo.

Pregúntame siempre: ¿Señor tu qué harías? Cuando haces tus labores con amor, en ti hay caridad; cuando escuchas con atención, cuando amas, me amas. Entiende, hija, que cada cosa en el prójimo es conmigo, dar amor sin medida, hasta sentir que quedas seca, será la medida para que Yo te colme otra vez. Amar es la clave, amarme en los demás, donde estés, ahí es tu Calcuta[49], hija mía, tan débil y pequeña.

Necesitas la ternura en ti, en tus gestos, en tu voz, en todo, pídele a mi Madre esa gracia, ella, que es toda dulzura y amor. En el plano espiritual tenemos una misión, liberaremos cadenas, esto se irá dando poco a poco, con mi guía y gracia. La caridad puede tener expresiones diversas, pero en esencia es el amor, no es solo limosna lo que pido, es ternura y amor al prójimo, tiempo, atención, escucha y dedicación.

Señor, concédeme la gracia de experimentar tu amor misericordioso y ser misericordiosa con y para los demás.

Yo nunca miro los pecados[50], miro a mis hijos, y los lleno de la presencia creadora de Dios.

He visto la hija de mi creación. Pídeme la gracia de ver con mis ojos, para que no veas apariencias y pecados, sino que veas en todos, a tus hermanos en Cristo.

X - MENSAJES QUE DESDE EL CIELO LE DIERON OTRA VISIÓN DE LA VIDA

Estos son mensajes[51] recibidos a través de un instrumento en un grupo de oración carismático[52]. El Señor enseñaba sobre la importancia de la prueba, y la bendición que trae superarla.

Nos recordó que: "Todo sucede para bien de los que le aman" (Rom 8: 28). Pedía que no se perdiera la vida eterna por el solo deseo de adquirir posiciones o estatus, pues los verdaderos tesoros no son para este mundo. Además, nos recordaba que siempre sus propósitos prevalecen. Invitaba a reconocer el dolor del pasado y los efectos en el presente; a reconocer el error y a perdonar. Nos decía que es necesario confrontarnos a nosotros mismos, como manera verdadera de crecer.

Y dijo: No soy un Dios excluyente.

Invitaba a pensar cada uno si realmente le había dado a Dios el control pleno de su vida. Además, recordó que debíamos ser sal y luz para el mundo, y que nunca perdieran de vista que debían serlo primero en sus hogares.

Vosotros sois la sal de la tierra. Más si la sal se desvirtúa, ¿con qué se salará? Ya no sirve para nada más que para ser tirada afuera y pisoteada por los hombres. Vosotros sois la luz del mundo. No puede ocultarse una ciudad situada en la cima de un monte. Ni tampoco se enciende una lámpara para ponerla debajo del celemín, sino en el candelero, para que alumbre a todos los que están en la casa. Brille así vuestra luz delante de los hombres, para que vean vuestras buenas obras y alaben a vuestro Padre que está en los cielos (Mt 5: 13-14).

Y luego dejó esta pregunta: Cuándo le decimos a Dios que nos perdone, ¿nos hemos mirado nosotros mismos qué tanto hemos perdonado? Porque: "Yo amo a todos mis hijos, lo que no amo es el pecado". Ver: Jn 16, 25-28.

Invitaba a pensar que Dios siempre tiene el control, porque: ni una hoja de un árbol se mueve sin su voluntad[53]. A veces, buscamos soluciones lejanas y complejas, cuando él empieza por lo cotidiano, por nuestras actitudes y nuestros comportamientos, que son producto de lo que hay en nuestro corazón. Por eso, hacer la "tarea" de conocernos es parte esencial de las condiciones necesarias para hacer posible el crecimiento espiritual[54].

Sobre esto nos dice la Palabra: "Por sobre todas las cosas cuida tu corazón, porque de él mana la vida" (Pro 4:23). Y aquí nos hacen referencia a nuestros pensamientos, emociones, sentimientos, imaginaciones, meditaciones y modo de percibir: a ¿qué tan conscientes somos de la naturaleza de nuestros pensamientos, sentimientos y emociones?

¿Hacia dónde se inclina nuestro corazón? ¿A la luz o a la oscuridad? Déjeme decirle qué pensó. ¡A la luz por supuesto! Y le diré, con todo respeto: yo también lo pensaba y de hecho me ufanaba de ser "buena". Hasta que me di la pela de entrar en mi corazón (y lo sigo haciendo, me apoyo en el Salmo 139). Y debo reconocerle que no todo es luz, y que, peor aún, mucho en mí no era, ni es, digno de mostrar.

Lo invito a leer este texto que también es confrontador: "Como piensa una persona dentro de sí, así es ella" (Pro 23: 7), somos lo que pensamos y sentimos y es muy importante hacer consciencia de esto. El Señor Jesús dijo:

Lo que realmente contamina al hombre es lo que sale de él. Porque de dentro del corazón de los hombres salen las intenciones malas: fornicaciones, robos, asesinatos, adulterios, avaricias, maldades, fraude, libertinaje, envidia, injuria, insolencia, insensatez. Todas estas perversidades salen de dentro y contaminan al hombre (Mc 7: 20-23).

Aquí quiero mencionar que mi experiencia con Guillermo no fue una "sacudida" suficiente. Me demoré mucho, y mucho es mucho, en entender varias de las cosas que él me permitía conocer. En algunos casos, le hablo de años, tuve que pasar por otras experiencias de casi muerte (sumándolas todas, han sido unas siete, por lo menos de las que soy consciente, desde niña hasta hoy) para empezar a "conectar" muchos puntos y comenzar con mi propio proceso personal de conversión.

Como contexto, quiero compartirle un poco más sobre San Ignacio, a quien ya he mencionado, un gran místico de la iglesia católica. Fue el fundador de la Compañía de Jesús. Los sacerdotes que pertenecen a esta congregación religiosa son los jesuitas. Nuestro actual papa, Francisco I, es jesuita. A partir de su vivencia personal, siendo laico, Iñigo, ese era su nombre de cuna, nos dejó uno de sus más hermosos legados: los Ejercicios Espirituales.

Por este nombre de Ejercicios Espirituales se entiende todo modo de examinar la conciencia, de meditar, de contemplar, de orar vocal y mental, y de otras espirituales operaciones según que en adelante se dirá... De la misma manera, todo modo de preparar y disponer el ánima, para quitar de sí todas las afecciones desordenadas, y después de quitadas para buscar y hallar la voluntad divina en la disposición de su vida para la salud del ánima[55].

El Dios del Cielo y de la Tierra me había anunciado varios años antes (tal vez unos cinco años antes de llegar a la Universidad Javeriana) un trabajo muy especial, donde me pondrían a trabajar mucho para él y donde, además, tendría mucha bendición. Lejos de comprender a que se referían, fueron pasando los años hasta que me pasó lo que relataré a continuación (nuevamente los "puntos" se conectan).

De estudiante universitaria soñé con estudiar en dicha Universidad, y no solo estudiar, también trabajar en ella, pero la situación económica no fue la más solvente cuando egresé del colegio, por lo que pensar en hacer mi pregrado o un posgrado en esa universidad era medio utópico. Sin embargo, el deseo siempre estuvo ahí. Con el tiempo comprendí que, aunque a veces no creamos, él sí nos escucha (siempre lo hace) o él mismo pone esas "semillas en el corazón" de lo que definimos como sueños, que a la larga son parte de sus propósitos.

Para mí, estudiar siempre ha sido un placer. Entre mis metas personales estaba hacer un MBA[56]. Un día de tantos, entré a la página de la Javeriana y así, como si fuera para mí, había un bánner que decía: "Nuevo MBA en la Javeriana". Recuerdo que sentí una gran emoción, que luego se volvió frustración cuando vi el costo. En ese momento, año 2008, $24 millones de pesos. Y en ese tiempo, en mi vida, el ámbito laboral no era muy estable, lo que me hizo desistir de la posibilidad de ingresar. Mi esposo no se puso a hacer cuentas y me dijo: preséntese, empecemos por saber si pasa, y ya veremos cómo resolver lo económico.

Y así fue, me presenté y quedé. Y de manera, a mi modo de ver, milagrosa me otorgaron un crédito por nada menos que 9 millones de pesos que era lo que tenía que pagar para empezar mi primer semestre (esto incluía el pago del semestre y una nivelación para los no administradores). Todo lo relacionado con pagar la maestría fue un regalo de Dios. Sería muy extenso relatar las peripecias (no pocas) y las cosas que pasaron para hacerlo posible, pero le puedo decir que hacer este MBA era parte de un plan que tendría que ver con lo que le voy a compartir.

Cuando en el corazón y mente del Padre hay un propósito todo confluye para que se concrete. ¡Lo sé, lo he vivido, y no tengo la más mínima duda ¡Él es el Dios de los cómo, para eso es Dios! Solo necesitamos creerle, buscar su voluntad y ser felices. Sin yo saberlo, en medio de los 32 estudiantes de la 2ª cohorte de la maestría estudiaba quien fue mi jefe en la Javeriana... Mientras cursábamos la maestría, él y otros dos reconocidos médicos gestaban la Facultad de Ciencias de la Salud y su primer programa, medicina. Al terminar la maestría en el 2009, él fue nombrado decano. Hasta aquí, como que esto no tenía nada que ver conmigo.

Pasaron unos meses y el decano me llamó para invitarme a participar en unos grupos de discusión que organizaban como parte del proceso de construcción de los syllabus de las asignaturas de la carrera. Honrada con la invitación, accedí a llevar, como me indicó, la hoja de vida a la Javeriana. Y mi sorpresa fue que la "llevada de la hoja de vida" era en realidad una entrevista de trabajo.

La naciente Facultad de Ciencias de la Salud había iniciado con el apoyo de la secretaria de Facultad de Humanidades[57] y Ciencias Sociales, pero esta persona había sido designada como Decana del Medio Universitario[58] de su Facultad y era necesario que la Facultad de Ciencias de la Salud nombrara en propiedad a su Secretario de Facultad.

Y ahí estaba yo, en una entrevista para lo que sería el cumplimiento de una promesa del Señor. En lo laboral y personal debo darles mi gratitud eterna al Padre Celestial; a quien fue mi jefe, el doctor Villamizar, y por supuesto a la Javeriana de Cali, porque mi vida tuvo un antes y un después de ingresar a esta institución. Este ha sido otro hito de mi historia.

Me entrevistó quien ejercía como primera Secretaria de Facultad de Ciencias de la Salud. La entrevista fue muy fluida, casi como si nos conociéramos de tiempo atrás, y al finalizar, y esa frase nunca la olvidaré, ella me dijo: "yo soy clara como mi nombre y para mí tú eres la mejor candidata, pero yo no decido. Esperemos a que el decano te entreviste y ya veremos qué pasa". Hoy, pasados los años, tengo la dicha de que seamos amigas y cómplices de proyectos personales.

Efectivamente pasó, y pasó mucho. Entre ese día y el día de la entrevista con el decano estuve en una vigilia de oración (la vigilia fue un domingo y la entrevista era el martes siguiente). En esa vigilia me dijeron: "el Señor te va a regalar un mensaje a través de su Palabra. Abre la biblia". Me salió lo siguiente:

Habla mi amado y me dice: Levántate, amor mío, hermosa mía, y vente[59]. Mira, ha pasado el invierno, las lluvias cesaron, se han ido. La tierra se cubre de flores, llega la estación de las canciones; ya se oye el arrullo de la tórtola por toda nuestra tierra. Despuntan yemas en la higuera, las viñas en cierne perfumean. ¡Anímate, amor mío, hermosa mía, y ven! Paloma mía, escondida en las grietas de la roca, en los huecos escarpados, déjame ver tu figura, deja que escuche tu voz; porque es muy dulce tu voz y atractiva tu figura (Cant 2:10-15).

En ese momento solo pensé que era un bello texto. Pero el instrumento del Señor que dirigía la oración me dijo: "Gloria a Dios, es un anuncio de cambios, es un anuncio de bendición, vienen cosas muy buenas para usted". Yo estaba en medio del proceso de selección, fue imposible que mi corazón no saltara de gozo, recuerdo que le pedí al Señor que no me dejara ilusionar si no era lo que pensaba.

Pasó la oración y llegó el día de la entrevista. Cuando iba para la Facultad de Ciencias de la Salud (la sede era una casa campestre, las Ceibas, adaptada para oficinas, al final de la universidad) empecé a sentir, como "viviendo", la escena del cantar de los cantares: "La tierra se cubre de flores, llega la estación de las canciones; ya se oye el arrullo de la tórtola por toda nuestra tierra".

Por el sendero que caminaba había un arroyo, muchas flores y diversos pájaros que estaban emitiendo sus melodías. Solo pensaba: ¿es posible que estén los pájaros y las flores? Señor, ¿qué me quieres decir? El camino era largo, desde la entrada principal hasta la casa, a marcha pausada, se toma de 10 a 15 minutos. No estaba el sendero que hoy llega hasta allá. Luego de un cariñoso saludo, la entrevista tuvo toda la formalidad. De hecho, fue larga y minuciosa. Al final, el doctor Villamizar me hizo una pregunta. Y mi respuesta salió de manera tan espontánea que aún pienso cómo le dije eso.

Me preguntó: "¿Qué piensas de trabajar aquí?, ¿por qué el cargo debería ser para ti?".

Sin meditar mi respuesta, le dije: "Para mí sería una gran oportunidad, siempre he querido trabajar en la Javeriana. Realmente, si la voluntad de Dios es que yo esté aquí, pues así será".

Hubo un silencio largo (que para mí fue mortal, pues pensé que la había embarrado, qué bruta, cómo le digo eso). Luego de un minuto, él me miro a los ojos y me dijo: "Pues la voluntad de Dios es que estés aquí, porque el empleo es tuyo".

Cuando escribí estas líneas, los ojos se me hicieron agua. Algo pasó ahí, no sé bien qué, pero fue para mí, una cosa mística. Luego del anuncio, los dos quedamos como perplejos. Él se levantó, me abrazó y me dijo con mucho cariño, un cariño que sigo agradeciendo, respetando: "me alegra mucho que seas tú, ya verás que haremos un gran equipo". Nos despedimos, quedamos en los temas protocolarios, típicos, relacionados con los documentos y trámites de vinculación.

Cuando iba para mi casa, no podía creer lo que había pasado. Me sentía como en un sueño, por la manera como se dio todo, por lo que implicaría este cambio, a nivel personal y profesional. Lo que significaba económicamente pues casi se doblaban los ingresos de ese momento. Y pasaba a tener un contrato formal, a diferencia de la vinculación que tenía como contratista en otro empleo.

Ese instante es y será memorable para mí. Todo esto lo comparto para poder retornar a cómo descubro los Ejercicios Espirituales de San Ignacio. Haber ingresado a trabajar en una institución de la Compañía de Jesús me dio la oportunidad de conocer la espiritualidad ignaciana, que ha sido una gran bendición. Muchas de las revelaciones que Él me ha dado han sido resultado de los Ejercicios Espirituales. Además, debo confesarle la posibilidad de migrar de una vida con perspectiva religiosa a una vida con perspectiva espiritual. En buena medida, esto se lo debo a los jesuitas y su espiritualidad.

En algún momento, el Señor me decía que era una espiritualidad muy bella que ayuda realmente al crecimiento del alma. Esa claridad frente a la espiritualidad de San Ignacio, la vemos reflejada hoy en el papa Francisco, que nos ha retornado a puntos claves del mensaje del Señor, como la humildad y la misericordia.

Además de los Ejercicios Espirituales, he tenido la oportunidad de participar en otras actividades de crecimiento personal y espiritual, en la casa de encuentros Santa María de los Farallones, con el Padre Julio Jiménez S.J., a quien le tengo profunda gratitud y cariño.

Recomiendo algunas de las actividades de las que tuve el privilegio de participar: Eneagrama al estilo de los jesuitas, Martes Ignaciano, Encuentro Ignaciano en Manizales (es anual, generalmente en febrero), Travesía Javier y Peregrinaje Ignaciano. Todas me han dado otra perspectiva de Dios, de la comunión con él e incluso de la vida. Dios me ha dado mucho al trabajar para la Compañía de Jesús. También he podido hacer por él algunas cosas desde lo espiritual, pues la necesidad de Dios es muy grande, y aún más en los jóvenes de esta generación.

XI - MENSAJES DEL CIELO

Las siguientes son narraciones de regalos dados por el Señor en medio de un grupo de oración[60]:

Yo soy el que guío. Yo soy orden.
Buena, agradable y perfecta es la voluntad de Dios.
Lo desagradable e imperfecto no es mío.
Ustedes le dan las armas al enemigo.
Os llamo a la conversión, hijos míos.

El Señor llama a la humildad. Y nos recuerda que las reuniones de un grupo de oración no son un evento social. Muchas veces se inicia con mucha devoción en los grupos y se va dejando de lado la oración para pasar a encuentros sociales. Él no está en desacuerdo con la amistad o con el compartir fraterno. Todo lo contrario. Sin embargo, Él nos pide que no revolvamos las cosas y que seamos organizados: este desorden abre brechas que no son precisamente de bendición.

¿En qué estáis edificando hijos míos? ¿A veces no sabéis qué pedir, acaso sabéis qué pasará mañana? Pedid por reparación, preparaos para la cuaresma. Falta mucha entrega y disciplina. No esperéis a que lleguen circunstancias difíciles. Os pido que guardéis en el corazón lo que hoy os digo. Hay esclavitud, apegos en vuestro corazón, ¿por qué no pedís la paz que necesitáis? No sabéis pedir y decís luego que no os escucho…

Pedid y se os dará; buscad y hallaréis; llamad y se os abrirá.

Porque todo el que pide recibe; el que busca, halla; y al que llama, se le abre. ¿Acaso alguno de vosotros le da una piedra a su hijo cuando le pide pan? ¿O le da una culebra cuando le pide un pez? Pues si vosotros, que sois malos, sabéis dar cosas buenas a vuestros hijos, ¡cuánto más vuestro Padre que está en los cielos dará cosas buenas a los que se las pidan! (Mt 7: 7-11).

Cuánto falta mis pequeños, cuánto sufro por cada uno de vosotros y no me cansaré de llamaros; estad atentos a mis llamados. Soy Yo quien intercede ante mi Padre por cada uno de vosotros.

El Señor no quiere de nosotros pasividad. Él me ha enseñado cómo estamos "atrapados en las cosas del mundo", Él siempre nos hace un llamado especial para que no nos salgamos del camino, pues el enemigo anda suelto. Debemos orar los unos por los otros.

Sed sobrios y velad. Vuestro adversario, el diablo, ronda como león rugiente, buscando a quién devorar (1 Pe 5-8).

En esa oración decía el Señor que muchas de las cosas que suceden son por nuestra necedad. Él nos pide que no esperemos cosas dolorosas para entender y tomar conciencia. Habló de la tecnología y la televisión y de cuán necesario es tener control y discernimiento frente a lo que se ve por los medios masivos, y de cómo esto influye en nuestras vidas.

Días después, a través de un instrumento, nos hablaba el Padre Celestial. Nos decía: Ha sido claro mi hijo, le ha hablado a cada uno y no han entendido. Aquí hacía referencia a instrucciones de otros momentos, que muchos habíamos dejado de lado. Y, por supuesto, hoy nos llevaba enfrentar las consecuencias. Seré Yo el que de ahora en adelante los va a instruir. Esto, en su momento, no lo comprendí.

Hoy pienso que dejamos pasar un tiempo precioso, de mucha gracia. Y que por esta desobediencia perdimos muchas bendiciones. No me gusta la cizaña, no me gustan las habladurías. Una tendencia muy humana, que en muchas ocasiones destruye no solo grupos de oración, sino iglesias completas. Soy un Dios de orden, seré Yo el que os exhorte.

Es probable que usted no haya tenido la experiencia de una manifestación del Padre Celestial. Créame que es un momento inolvidable. El Padre habla poco (según mi experiencia) y se manifiesta de manera muy excepcional. Pero cuando lo hace realmente, nuestro corazón discierne que es él:

Yo soy de Palabra, se hizo y eso es.
Los quiero firmes, no quiero tibieza,
los quiero comprometidos.
A los tibios, los vomito de mi boca.

Pero como eres tibio, es decir, ni frío ni caliente, voy a vomitarte de mi boca (Ap 3: 16).

La palabra dice que él es un Dios de sí o no. Con el Señor no se juega. Al Señor no debemos hacerle promesas que vamos a incumplir.

El que quiera sígame, y el que no, no me siga.

El concepto de libre albedrío es más profundo de lo que a veces imaginamos. En otro momento, en el 2017, en una exhortación del Padre celestial a una pareja amiga, insistía en que él no obliga a nadie, que para eso nos dio el libre albedrío, que adelante tenemos siempre dos caminos (esto hace referencia, por lo general, al bien y al mal, la bendición y la maldición, la vida y la muerte; realmente no hay punto medio)[61].

Decía el Padre: Busquen a mi hijo de corazón, reparen por los maltratos e indiferencias.

Muchas son las visiones y revelaciones que sobre esto han tenido los místicos. Me permito recomendarle leer La dolorosa pasión de nuestro Señor Jesucristo, de Ana Catalina de Emmerick, que sirvió de guion de la película La pasión de Cristo, de Mel

Gibson, y El evangelio como me fue revelado, de María Valtorta.

Leyendo estos libros he descubierto los más hermosos, y también fuertes, relatos de momentos de la historia de nuestro Señor, que difícilmente me dejaron igual. Y espero de corazón que le permitan una mayor comprensión de muchos aspectos de la persona de Jesús.

Son muy grandes los misterios que se esconden detrás de la pasión del Señor. Y son muy grandes los milagros que suceden cuando meditamos sobre su pasión u oramos alrededor de sus llagas, la corona de espinas y su crucifixión.

La Palabra de Dios es muy clara "por sus llagas fuimos sanados". Y esto es más que un texto en las sagradas escrituras, es una realidad tangible cuando desde la fe nos apropiamos de dicha promesa.

De los grandes aprendizajes que he tenido que asumir y que aún debo tener muy presentes, porque tiendo a olvidarlos, son los relacionados con la bendición y la gratitud. Por lo general, estamos enfocados en anhelar y pedirle cosas al Señor, más que en agradecerle su favor y misericordia. No estoy diciendo que no podamos pedir, pero señalo que debemos ser sabios para ir al Padre, antes de una petición, con alabanzas y adoración. En esto, la Palabra de Dios es clara:

¡Aclama a Yahvé, tierra entera, servid a Yahvé con alegría, llegaos a Él con júbilo! Sabed que Yahvé es Dios, él nos ha hecho y suyos somos, su pueblo y el rebaño de sus pastos. Entrad por sus puertas dando gracias, por sus atrios cantando alabanzas, dadle gracias, bendecid su nombre. Pues bueno es Yahvé y eterno su amor, su lealtad perdura de edad en edad (Sal 100).

Por nuestra falta de discernimiento espiritual llamamos a lo bueno malo y a lo malo bueno, cuando el verdadero filtro de nuestro actuar debe ser coherente con lo que el Espíritu Santo revela, debe ser coherente con la Palabra de Dios y con el único mandamiento que Jesús nos dejó:

Amarás al Señor, tu Dios, con todo tu corazón, con toda tu alma y con toda tu mente. Este es el mayor y el primer mandamiento. El segundo es semejante a este: Amarás a tu prójimo como a ti mismo. De estos dos mandamientos penden toda la Ley y los Profetas (Mt 22: 34-40).

Me decía el Señor: Para ganar la eternidad hay que luchar.

En esto se le acercó uno y le dijo: "Maestro, ¿qué cosas buenas debo hacer para conseguir vida eterna?" Él le dijo: "¿Por qué me preguntas acerca de lo bueno? Uno solo es el Bueno. Más si quieres entrar en la vida, guarda los mandamientos". "¿Cuáles?" —le preguntó El—. Jesús respondió: "No matarás, no cometerás adulterio, no robarás, no levantarás falso testimonio, honra a tu padre y a tu madre, y amarás a tu prójimo como a ti mismo". Dijo el joven: "Todo eso lo he guardado. ¿Qué más me falta?" Jesús le dijo: "Si quieres ser perfecto, anda, vende tus bienes y dáselo a los pobres, y tendrás un tesoro en los cielos. Luego sígueme". Al oír estas palabras, el joven se marchó entristecido, porque tenía muchos bienes (Mt 19: 16-22).

Seguramente pensará que esta parte en particular no le agrada. Pero debo decirle, querido lector, que por muchas cosas que he vivido y conocido, incluidos los testimonios de los místicos, al parecer, la vida eterna no es un derecho en sí mismo, si no cumplimos con los preceptos del Señor y nos acogemos a su misericordia.

Los grandes místicos lo comprendieron rápidamente y por eso no escatimaron ningún esfuerzo, ni sacrificio para ganar la "corona de la vida eterna" de la que habla la Palabra de Dios en el Apocalipsis.

Me decía el Señor: Cuántos que me buscan de corazón tienen la eternidad ganada, pero cuántos más la tienen perdida.

En una época en la que el enemigo ha cobrado fuerza y nos tiene la mente embotada con sus mentiras (la Palabra de Dios dice que es el príncipe de la mentira) nos han hecho creer que no existe nada después de la muerte. O que lo que hay es solo gozo y felicidad. Permítame decirle que esto último es cierto, pero no debemos olvidar el cumplimiento de sus preceptos.

He participado en una noble competición, he llegado a la meta en la carrera, he conservado la fe. Y desde ahora me aguarda la corona de la justicia que aquel día me entregará el Señor, el justo Juez; y no solamente a mí, sino también a todos los que hayan esperado con amor su manifestación (2 Tim 4: 7-8).

Espero que cuando lea el aparte de Experiencias con el más allá comprenda mejor.

Me decía el Señor: Exáltenme, glorifíquenme, adórenme. Los quiero comprometidos.

No te postres ante un dios extraño, pues Yahvé se llama celoso, es un Dios celoso (Ex 34: 14).

San Ignacio nos dejó grandes riquezas espirituales. Entre estas, el Principio y Fundamento, que hace parte de las cosas más profundas, sencillas y trascendentes que he leído sobre la relación con Dios[62].

Todos los seres humanos somos creados por Dios para ser felices, amando y siendo amados, creciendo y realizándonos como personas, en el respeto y la complementariedad, a semejanza de la Trinidad Divina. Para poder lograrlo debemos fiarnos de Dios, nuestro creador, que nos ama y es el único que conoce lo que realmente necesitamos para alcanzar esa felicidad. Todas las demás cosas, las maravillas del universo, la tierra, nuestros países, nuestro trabajo, nuestra familia, las estructuras sociales y los gobiernos, son creadas para que nos ayuden a conseguir nuestra auténtica felicidad. De donde se sigue que debemos estar dispuestos a aprender a usar todas las cosas en la medida en que nos ayuden a todos a lograr nuestra felicidad; y a rechazarlas, en la medida en que no nos ayuden a conseguirla. Y solo nuestro Creador conoce esa medida. Para lo cual es necesario hacernos indiferentes, o sea, objetivos e imparciales, interiormente libres, ante todas las cosas, de manera que no nos esclavicen, y podamos, por consiguiente, desear y elegir lo que más nos ayude a crecer en nuestra personalidad y poder así alcanzar la felicidad a la que somos llamados, según su Proyecto de Amor (actualización del texto original de San Ignacio)[63].

Me decía el Señor: Reflexionen y tomen una decisión.

XII - EN LA ESCUELA DEL MAESTRO

El Señor, en un grupo de oración[64], nos decía[65]:

Cómo no estar atento al llamado de mis hijos cuando aman, cuando abren el corazón. Cómo se duele mi corazón cuando mis hijos no me reconocen. Y por eso Yo respondo a quien me llama. Gracias porque con su amor y entrega reparan por todos los hijos que no me miran. Gracias por llevarme en ustedes por medio de mi Santo Espíritu. Se harán grandes obras a través de ustedes.

Soy el que Soy, y mi corazón inmenso en misericordia nunca despreció un corazón contrito y humillado. Cuanta gratitud hace falta, cuantas cosas os doy...

Ustedes han aprendido a reconocer y dar gracias. Esto enaltece a mi Padre celestial. Que lo que os entrego anide en sus corazones, clamad la unción de la humildad para que lo que se os da siempre esté al servicio de Dios.

Que siempre mi Santo Espíritu inspire al hombre. Siempre habrá incertidumbre y caminos inseguros cuando el hombre se aleja de mí. Os he mirado con especial amor, misericordia, sé que saben cuán benévolo es mi Padre celestial.

¡Gratitud! Sin merecerlo, recibir tanto amor, bondad, misericordia. Y no os digo porque os saque en cara las cosas, os digo para que no pierdas perspectiva de que todo lo que reciben es misericordia. Sé de sus luchas porque son seres humanos, recordad que sin mí no podéis hacer nada, soy su fuerza, su roca, no desechéis la verdadera fuerza.

Mi Padre los ha rescatado para que sean bendición para ustedes mismos y para muchas personas. Necesito mis soldados valerosos. Se acercan tiempos difíciles. Prepárense con las instrucciones que os he dado. Les recuerdo que más presto estoy yo de escucharlos que ustedes de buscarme. Siempre escucho y clamo por ustedes.

Todo tiene su tiempo y espacio. No todo tiene que ser dado porque no todo es conveniente para ustedes. Mi tiempo es perfecto. No es el tiempo de ustedes, nada está fuera de lo que Yo sé y conozco. Desde antes de la creación os he elegido y he cuidado de manera especial. Entiendo que quieren muchos dones, si es la voluntad de mi Padre, así será. Mi Padre es un padre dadivoso. Es diferente al que el mundo quiere mostrar.

Difícilmente ustedes podrían entender la unidad entre mi Padre, el Espíritu y Yo. Muchas cosas son difíciles de entender. Cuando estén en mi casa podrán entender, cuando estén conmigo y los suyos, te revelaré cuando sea el momento.

Hay misterios insondables. La curiosidad me gusta pues es hambre de Dios. Imagínate no sentir ansia de mí. Cuán necesario sentir anhelo del Señor, es lo que ustedes necesitan. Cuanto me gusta que me hablen. Yo ya lo sé, pero es como cuando se cuentan las cosas con amigos muy queridos. Es bueno encontrar el consuelo mutuo, pero esa persona no puede hacer lo que Yo puedo hacer. Donde no hay esperanza, Yo pongo la luz: para mí no hay imposibles.

Es importante orar, pero me conmueve más una conversación íntima entre ustedes y Yo. Más que una oración recitada, las oraciones que mi Espíritu les indique. Que por las oraciones no se pierda la comunión conmigo, en esa misma atención y dulzura. Pues siempre os escucho; incluso, los que se avergüenzan porque me aman, porque, aunque me genera dolor, me hace sentir que confían en mí, que no olvidan que mis entrañas de misericordia superan la humanidad. Siempre os digo es necesario repetirlo hasta la saciedad: os he amado, los amo y os amaré. Y no podrán entenderlo hasta que nos encontremos.

Quiero escribir con letras de oro sus nombres, quiero Yo mismo presentarlos a mi Padre. No quiero delegarlo a ninguno de mis ángeles.

Cuando en el tránsito, miren mis ojos de bondad, quisiera que ya estuvieran aquí, pero faltan muchas cosas por hacer, ustedes son mis manos y mis pies.

Cuántas almas se van al abismo sin que se puedan rescatar, cuantas almas en lugar de llegar a mi casa, llegan a ese lugar por su soberbia y rebeldía. Cuánto quisiera yo evitar, pero debo respetar su libre albedrío. Mi Padre y Yo sufrimos, como si nos arrancaran un pedazo del corazón. Oren por las almas que aún están en el purgatorio. Os pido por los que nadie ora, pídanme almas del purgatorio, pídanme, pídanme almas para el cielo.

Estas palabras tan sabias y llenas de amor no necesitan más explicaciones.

XIII - UNA RELACIÓN DE AMOR

Muchos relatos y mensajes de este apartado giran en torno al amor que el Señor tiene por sus hijos. Me admiraba de la dulzura del Señor y me deleitaba en medio de tanto amor. Aquí describo algunos:

¿Te sorprende que tu Dios te hable así? Es tan simple mi amor y mi deseo de ser tu centro. Eres tú quien lo complejizas y no logras verlo.

Le pedía perdón porque sentía que no lo amaba como debiera, por mi miseria, por mi falta de fe.

Dámela, tu miseria, y así mi majestad la cubrirá. Tengo tanto anhelo de purificarte.

Mi amado Señor, ¿cómo?, no sé, soy tan poca cosa...

Y él a través de Él y yo[66]:

Dámelo todo, tenme presente en tu vida, lo demás lo hago yo. Sé una conmigo tanto como puedas.

En medio de una oración en grupo, decía el Señor[67]:

Mi misericordia supera su capacidad de comprensión. Yo he venido con mis brazos abiertos para darles mi amor, mi paz, mi bendición. Los amo y solo quiero lo mejor para ustedes. Hijos míos, cuánto quiero evitarles el dolor, cuánto busco advertirles frente a sus decisiones, porque Yo conozco todos los tiempos.

Hijos, la obediencia a Dios siempre será para bendición. Retomen los mensajes que les he dado y evalúen lo que ha pasado en sus vidas: cuándo han obedecido y cuándo no. Hijos míos, reevalúen, revisen sus vidas, no tomen un nuevo año con los mismos comportamientos. ¿Cuáles les traen bendición? ¿Cuáles les traen maldición? Hijos, quiero darles tantas cosas, pero a veces ustedes mismos me atan las manos. Depositen todos sus planes y sueños en mi corazón, que mi sangre los purifica y mi Padre escuchará sus peticiones.

En particular le decía a una persona que estaba presente:

Tu dulzura conmueve mi corazón, tu nobleza me conmueve. Háblame más, que mi corazón se derrite de amor por ti. Entréguenme a los que aman que nadie los ama como Yo. La eucaristía allana el camino al Señor.

Cuánto nos ama el Señor...

Reunidos en oración, a través de un instrumento, el Padre Celestial nos hizo una petición: orar por todas las familias, especialmente por los matrimonios[68]. Nos pedía orar todos los días por los matrimonios, por las familias, que sea la luz del Espíritu Santo la que guíe a sus hijos para ser mejores esposos, madres, hijos y así alcanzar la santidad. Nos pidió que oráramos para que el enemigo no ganará la batalla.

La Madre nos decía que nos amaba mucho, que debemos evaluar cómo están las virtudes para alcanzar la santidad, que nos acerquemos cada vez más a su hijo. Nos pide que no dejemos de hacer el Santo Rosario, que, como el grupo pararía unos días[69], nos comprometiéramos a hacerlo en casa, que era necesario por las calamidades que están ocurriendo y las que han de venir, necesario por los niños y por las familias.

Respetando profundamente sus convicciones de fe, quiero comentarle que son innumerables las bendiciones que da el Santo Rosario, realmente, si su tradición de fe lo contempla. Lo invito a describir este misterio y sus múltiples bendiciones.

Bien saben hijos que mi hijo escucha mis suplicas, pidan misericordia, caridad, humildad y piedad. Pidan mucho por los jóvenes, a veces hay muchos regalos y bienes materiales y a la vez, cuántos vacíos en el corazón.

El Señor nos pide que siempre nuestros ojos se eleven al Padre pidiendo misericordia por tantos abusos.

En otro momento experimentaba el gozo del regalo de su Palabra[70]:

Yo hablo en tu corazón. Entiende que todo lo debes hacer en espíritu de fe; fe en la realidad de mi presencia en ti y fe en que todo lo puede el amor. Cómo podrías amar sino creyeras en el amor presente en ti.

Con contrición le pedí que limpiara mi corazón de todo aquello que impedía que él habitara en majestad en mi ser; que, a pesar de mí, él habitaba ahí… le entregaba mis deseos y los sublimaba con su fuerza a la voluntad del Padre. Lloré con un profundo dolor. Y ese llanto me dio paz y serenidad[71].

De camino a un grupo de oración, escuché música de alabanza. Y me decía[72]:
Puedo entender que no tengas mucho tiempo para orar, pero los trayectos en el carro son espacios de intimidad. No olvides consultármelo todo.

Le decía, Señor, a veces siento que yo misma me respondo.

Y Él me dice:

Siempre estoy atento a tus confidencias y peticiones.

Dice el Señor[73], respecto al Salmo 98:

Cuando hablo de justicia, no quiero que desfiguren la imagen de mi Padre. Santidad no es perfección en sí misma, es el anhelo consciente de buscar hacer la voluntad de mi Padre.

¡Cantad a Yahvé un nuevo canto, porque ha obrado maravillas... ¡Aclama a Yahvé, tierra entera, gritad alegres, gozosos, cantad! Tañed a Yahvé con la cítara, con la cítara al son de instrumentos; al son de trompetas y del cuerno aclamad ante el rey Yahvé (Salmo 98).

También explicaba el Señor sobre este texto:

Comenzó a decir a la gente reunida junto a él: Esta generación es una generación malvada; pide un signo, pero no se le dará otro signo que el de Jonás. Porque, así como Jonás fue signo para la gente de Nínive, así lo será el Hijo del hombre para esta generación (Lc 11: 29-32).

La ceguera del hombre, la ceguera del hombre, que no pudo ver al propio Dios encarnado anunciándole la salvación, por eso mi expresión de generación perversa[74].

Los velos que tiende el enemigo los hace más ciegos que el ciego de Jericó, hay que pedirle a mi Padre; ¡Padre, que yo vea![75] Porque la verdad está en el evangelio. El reino de Dios habita en cada uno de ustedes, pero estas vendas negras llenas de lodo asquiento les impide "ver". Antes de pedir tantas cosas, cuyo conocimiento ya poseo, debes pedirme "ver" y "verme en todas las cosas".

Sobre este aspecto, en otro momento, decía:

La espiritualidad Ignaciana puede ser un elemento maravilloso para la vida espiritual. Adéntrate en sus preceptos, no es casualidad que estés ahí. Agradece a mi madre esta intercesión, no olvides que somos un equipo.

Decía el Señor a propósito del siguiente texto[76]:

En cambio, la vida de los justos está en manos de Dios y ningún tormento les afectará... Los que confían en él comprenderán la verdad y los fieles a su amor permanecerán a su lado, pues la gracia y la misericordia están destinadas a sus elegidos" (Sab 3: 1-9).

¿Qué tan diferente es la vida cuando siguen mis preceptos? Tú me dices: ¿cómo saberlos? Y Yo te respondo: Leyendo mi Palabra. Pidiendo hacer mi voluntad. Involucrándome permanentemente en tu vida. Anhelo ser el protagonista de tu vida, que cada paso lo des de mi mano. El reino de Dios no está afuera, si tú haces esto, vives en medio del Reino y el Reino te poseerá con fuerza inexplicable; teniendo así la libertad y la heredad que les pertenece a los hijos de Dios. No es nada extraño lo que pido, es la oración el medio para establecer la comunicación, la comunicación con tu Señor y Rey.

La Palabra de Dios... pareciera difícil de entender o demasiado simbólica en algunos momentos. Realmente esto ocurre (según lo que he experimentado) más por nuestra falta de constancia en la lectura y, sobre todo, porque queremos entenderla de manera "mental". La Palabra de Dios está llena de sabiduría y del Espíritu del Señor. Desde ahí debemos entender que su lectura es productiva, si la hacemos en medio de oración y la meditación. Y de manera especial, pidiéndole al Espíritu Santo la gracia de la comprensión. De otra manera, los frutos que recibiremos al leerla no son los que realmente ella tiene para nosotros.

XIV - MEDITACIONES A PARTIR DE MI EXPERIENCIA EN LOS EJERCICIOS ESPIRITUALES DE SAN IGNACIO

En el 2013[77] tuve la oportunidad de vivir los Ejercicios Espirituales de diez días, en silencio. Estos son algunos de los apartes de las locuciones interiores y de la experiencia vivida, una de las más hermosas y reveladoras para mí. Los mensajes fueron tan claros y profundos que, a mí modo de ver, no necesitan un comentario adicional.

Cuando se hacen los Ejercicios Espirituales es clave la escritura. Los acompañantes invitan a que escribamos las mociones recibidas y a que se le ponga un nombre al cuaderno que se destinó para el retiro. Este fue el nombre que definí: Profundización de mí morada para el encuentro.

Y esta fue mi dedicatoria al Señor:

A ti, mi amado Señor, que has tenido misericordia de mí y me has amado con amor infinito; a ti, mi dulce amor, mi Dios, mi Rey y mi Todo. Quiero amarte para siempre, apodérate de mi corazón. Apodérate, Señor de mis sueños, también de mi vida, mis temores, mis anhelos, mis pecados, de mí. Apodérate, porque tú transformas todo con tu presencia y santidad. Si tú me miras y me tomas, yo seré verdaderamente feliz.

A partir de los ejercicios y reflexiones, identifiqué que tenía imágenes distorsionadas de Dios. Eso me condujo a esta reflexión:

Cuanto tiempo perdí en mi vida, al creerte lejano. Cuanto tiempo dejé de experimentar que me amabas al pensar que estabas ausente. Cuantos vacíos dejé que crecieran en mí, porque no te conocía. Ahora veo que siempre estuviste conmigo, que nunca estuve sola. Que felicidad siento en mi corazón por tu amor que me envuelve[78].

Él responde y me dice: Yo quiero ser quien guie tus caminos. Ve a tu interior.

Este apartado del texto bíblico amplía ese momento:

Te doy gracias, Yahvé, de todo corazón, por haber escuchado las palabras de mi boca. En presencia de los ángeles tañeré en tu honor, me postraré en dirección a tu santo templo. Te doy gracias por tu amor y tu verdad, pues tu promesa supera a tu renombre. El día en que grité, me escuchaste, aumentaste mi vigor interior. Te dan gracias, Yahvé, los reyes de la tierra, cuando escuchan las palabras de tu boca; y celebran las acciones de Yahvé (Salmo 138).

Como si aún no comprendiera, a través de Él y yo[79]: "Basta que me llames y yo vengo". Y luego me dice: Es maravilloso esta intimidad de a dos, tu espíritu añoraba este tiempo.

En las cosas sencillas habla el Señor, él no se deja ganar ni en amor ni en generosidad.

En medio de las meditaciones, veía admirada cómo el Señor se refiere a cada órgano del cuerpo con respeto y amor, hermanos pies, hermano cerebro. Y nosotros, cuán descuidados en ocasiones somos con nuestro cuerpo. Tiempo después leí un poco de San Francisco de Asís (de quien se dice ha sido otro Cristo en la tierra) y él les hablaba a las criaturas y al mismo sol, como hermano sol, hermana luna, hermano lobo. Considero que es para pensarlo.

En medio de esa meditación en torno a la lectura de su Palabra, me decía:

Evalúa todas las noches tus relaciones, tus emociones y tus acciones, para identificar los patrones de comportamiento propios de tus rasgos para ir mejorando tu propia versión de ti, no como un ideal inalcanzable, eres humana, pero sí como el reflejo de mí, que soy la perfección, porque Yo habito en ti. Quiero darte un consejo: No respondas siempre de inmediato, toma un poco de tiempo. Clama mi presencia antes de responder.

En este momento del Mensaje, el Señor me increpó con esta pregunta:

¿Realmente estás dispuesta a ser mejor persona?

Yo tengo todos los medios para hacerlo posible, te iré instruyendo, pero necesito que seas dócil. Por los frutos los conoceréis, al verte sabrán que hay "algo" en ti.

Entonces, le decía al Señor que quería conocer sus secretos. Él respondió:

El secreto principal serán tus propios secretos, para que puedas comprender los recovecos del alma donde Yo habito. Quiero que seas muy feliz, que tu felicidad irradie a otros para que puedan ver la gloria de Dios. La felicidad no es un privilegio de unos pocos, es lo que tengo reservado para mis hijos. Gustad y ved que bueno es el Señor[80]. Si tú me dejas obrar, el magnetismo del Señor en ti hará grandes maravillas, necesitamos la base de la humildad, construyámosla juntos. No se necesita ser religioso para ser santo[81].

Arranca siempre tu día con una alabanza al Padre creador, al dueño de todo, cuya misericordia creó el cielo y la tierra y renueva el mundo con su amor. Que toda acción inicie con un canto de alabanza. Tus peticiones siempre llegan a mis oídos, qué hermoso que me alabes y me bendigas, criatura mía. Disfruto los cantos de alabanza, no te preocupes por la entonación, el ritmo. Yo escucho el canto que nace de tu corazón, y eso me conmueve.

XV - CONTEMPLACIONES Y MEDITACIONES EN MEDIO DE EJERCICIOS ESPIRITUALES DE SAN IGNACIO

Cuando ingresaba al retiro, el primer día, me dijo el Señor, a través de Él y yo[82]: "El que me encuentra, encuentra los gozos más grandes posibles que es posible encontrar, pero es preciso buscarme, no solamente una vez o dos, sino de manera constante, porque vuestra flaqueza me pierde continuamente de vista por las distracciones diarias... espero en la intimidad todos los momentos de tu vida. Es mucho si te pido que olvides las cosas de este mundo para vivir atrapada en las alegrías del otro".

Eres el premio de mis sudores en Getsemaní, eres para mí como la respuesta y el Padre te mira.

"Permanece en mi presencia un rato".

Me hablaba de la importancia de tener, aunque solo fueran cinco o diez minutos cada mañana, con él, para ofrecer el día, para entregarlo, para que me diera instrucciones, me mostrara sus caminos y sendas de luz.

Yo te he puesto en los lugares que necesito para que seas instrumento de bendición para otros.

En otro momento, decía el Señor en medio de la oración:

Desde el vientre de tu madre, yo te amé. Todas tus circunstancias han sido para tu bien, para que crecieras con un temperamento firme. Mi favor siempre te ha acompañado, mi amor ha sido incondicional. Tú has sido llamada a calmar mi corazón, eres la respuesta a mis sacrificios, no me hagas sufrir con tu falta de comunión.

El libro, pequeña… empecemos juntos[83]. Ayúdame a mostrar al mundo que estoy vivo y que atiendo cada cosa de mis hijos. Más comunión, más diálogo, más entrega, más fe. Espero tanto de ti y las personas esperan tanto de ti. Por eso necesitas cada mañana prepararte para el nuevo día en mí y conmigo. En tu trabajo te quiero dócil y humilde, dispuesta a servir. En tu hogar, amorosa y diligente. En el grupo[84], humilde, servicial y dependiente de mí. Consúltamelo todo hija, siempre.

Un acercamiento al cielo desde mi fragilidad

Querido lector, quiero compartirle la carta al Padre Celestial que hice al iniciar mi retiro en silencio para hacer los Ejercicios Espirituales de San Ignacio. Mi propósito, al compartírsela, es mostrarle que al Señor le encanta que le hablemos desde nuestra nada, desde quienes somos. No espera cosas elaboradas, ni oraciones perfectamente diseñadas. Espera un corazón que con contrición se acerca al trono de su misericordia.

Padre Santo por tu bondad y misericordia estoy aquí, porque tu amor excede la justicia. Aún vivo y tengo una vida que claramente tiene tu favor en mí. Precisamente hago conciencia de esto porque veo que tengo un Dios que supera cualquier pensamiento humano.

Un Dios que es infinitamente majestuoso, un Dios que es amor, un Dios que tardé en conocer y al que hoy solo le pido me dé su amistad. Buen Padre del cielo, aquí estoy con todas mis flaquezas, con mis pecados, con mis errores, con mis necesidades. Buen Padre Dios, aquí estoy añorando despertar plenamente a la vida en el espíritu, aquí estoy pidiéndote tu santísimo Espíritu para poder vivir plenamente la presencia de tu hermoso hijo en mi vida.

Buen padre Dios, aquí estoy, te ruego que no me sueltes de tu mano, te ruego que me envíes tu Santo Espíritu; te ruego que en este retiro me ayudes a conocerte, a amarte, a seguirte y a anhelarte, hasta la partida a la Patria Celestial.

Soy consciente del tiempo perdido, de cuánto te he fallado. Te pido desde lo más profundo de mi corazón que me perdones, que me aceptes plenamente, para que tu amor, que todo lo transforma, haga de mí la hija que concebiste. Siempre, a pesar de mí, me has mostrado que estoy llamada a servirte de manera muy especial. Pienso que lo que no logro ver es cómo, a pesar de mí, puedo hacerlo. También pienso que tú, que todo lo puedes, podrás transformarme en esa mujer humilde, llena de sabiduría y con las gracias especiales para el ministerio.

En este momento me reconozco poca cosa, con tantas carencias, y tan débil. Señor, poco tengo para ofrecerte en este retiro. Te pido que transfieras a mi corazón soberbio, a mi corazón débil, tu sabiduría. Mi corazón necesita ser transformado a una mística humildad. Oh, mi dulce amor, cuánta soberbia hay en mi cuando pienso que merezco algo, cuánta soberbia en mi alma cuando, frente al grupo, pienso que lo que digo es lo correcto.

Cuánta soberbia hay en mí cuando no te escucho atentamente. Señor mío, perdóname, ilumíname, destruye mis deseos de figurar, destruye mi deseo de mostrarme, perdóname. Perdóname por mi falta de oración e intimidad cuando me has mostrado lo necesario de vivir en intimidad contigo y yo no termino de ajustar mi vida y mis tiempos para ello. Perdona que desatienda tus mensajes, perdóname porque te dejé esperando en ese hermoso jardín[85].

Quisiera clamarte y pedirte que, si aún estoy a tiempo, me envíes un mensaje que me indique cómo llegar al lugar del encuentro. Perdona mi falta de caridad con tus hijos, cuando no doy lo que tú me has dado. En especial, el don del amor.

Perdona mi egoísmo y el deseo de beneficio personal que me impide aprender a desprenderme de aquello que no es importante. Perdóname lo que he fallado como madre y esposa[86]. Perdóname por la relación distante con mi familia. Ayúdame, te ruego, a perdonar plenamente, sin reparos, sin juzgamientos.

Ayúdame a transformarme para no juzgar. Oh, Dios, soy tan poca cosa. Y aun así me creo con derecho a opinar. Perdóname por querer ser el centro de atención, por querer sobresalir, por querer ser servida en lugar de servir, ser atendida en lugar de atender.

Ayúdame a discernir todos los días de mi vida cuál es tu voluntad, ayúdame con la fuerza de tu Espíritu Santo a tener fortaleza para cumplir tu voluntad. Graba en mi corazón tus preceptos para que mi corazón me señale los senderos de la vida. Dulce bien, cómo te necesito. Dulce Jesús, te amo. Mi divino querer, aquí estoy. Recibidme con tu misericordia y abrázame"

Luego de meditar este momento de vida, desde el amor y la misericordia, él me dijo:

Yo nunca te abandoné, velé por ti y tu bienestar y clamé al Padre muchas veces por tu felicidad, por el reencuentro con tu primer amor: Yo[87]. Necesitas siempre en la vida equilibrio. Así no te sientes inclinada a ningún afecto, a donde debes inclinarte plenamente es a Dios.

Leía el texto del evangelio del ciego de Jericó (Mc 10: 46-52), y me dijo:

Siempre he estado contigo y puedo sanar todas tus heridas y vacíos.

Y lo ratifica cuando me dice a través de Él y yo[88]: "Dad gracias por haber sido colmada por encima de cuanto creías posible".

No ha sido al azar, ni una coincidencia, en mi sabiduría eran los padres que Yo escogí para ti. Ellos debían ser parte de tu historia, así como sus generaciones. Eres mucho de ellos; por ejemplo, la vena para la escritura la tienes de tu línea materna y de tu padre directamente. Y muchas otras cosas más. Yo que te diseñé y te amé desde el principio de la eternidad no iba a dejar al "azar" algo tan importante. Míralos y mírate en su humanidad ¿por qué esperar perfección? Indiferentemente de sus errores, siempre te han amado.

Contemplación sobre la Trinidad

Nos pedían contemplar el pasaje de Mateo 16: 13-23. Resultado de esa contemplación es el relato que se transcribe:

En mi corazón hubo gozo al ver a Pedro lleno del Espíritu Santo reconociéndome como el hijo de Dios. Mi Padre, a través del Espíritu Santo, movió a Pedro a reconocerme. Por contraste, y en perfecta armonía, yo decido que él será Petrus y le daba las llaves del reino de los cielos. Como ves, no actuamos solos. La Trinidad, en su perfecta unidad, siempre actúa en unidad. Cuando me amas, nos amas a los tres. Cuando alabas, alabas a los tres. Cuando fallas y me decepcionas, nos decepcionas a los tres.

Le pregunté: ¿cómo actuar conforme a la Trinidad?

A través del Espíritu Santo, él siempre te llevará ante mi presencia y te enseñará y te guiará. Así como yo tengo emociones, él también. Mi Padre, ante nuestras emociones y sentires, reacciona. No es que él no sienta, su divino querer es muy diferente. Imagina si mi Padre se dejara llevar por las emociones, imagina a mi Padre dolido por los pecados humanos. Ya no habría humanidad. ¿Lo comprendes? Sus entrañas son, como dice la Palabra, de misericordia. No es que el Espíritu Santo y yo no la tengamos, somos amor en la unidad, pero es cómo si tuviéramos "otro papel", en este sentido, porque sentimos el dolor, y al unísono le clamamos al Padre por la humanidad.

Señor, qué majestuoso es el misterio trinitario.

Lo es. Y grandes misterios quiero enseñarte. Por eso, el que aprendas a estar en contemplación y oración es muy importante. Recibe mi presencia, mi Santo Espíritu. Por ende, mi sabiduría y mi poder. Tenemos mucho qué hacer, y ya no hay tanto tiempo.

¿Debo temer?

No. Confía en mi amor y sabiduría. Ir a donde yo te lleve y seguir mi voluntad. Has dado pasos importantes este fin de semana, y en otras, ya te darás cuenta. Mira, en mucho de mi creación estamos juntos.

Disfruto tanto de tus Palabras...

Nunca me he ido, a veces tú estás desconcentrada, centrada en las cosas del mundo.

Y me dice: lee Is 28: 16-17 y Ef 2: 19-22.

Si nuestro "principio y fundamento" es Jesús y lo ubicamos como la piedra angular de nuestra vida, la edificación se elevará hasta formar un templo santo en el Señor, y así seremos edificados para ser morada de Dios en el Espíritu: ¡este es el llamado del cielo a todos sus hijos, no se trata de predilección!

El Señor mostraba con cuánto amor ella le ungía los pies, buscando sopesar el dolor de su alma por el pecado. El ungüento era costoso. Y los discípulos, en particular Judas, estaban molestos. Sabían que se podía vender muy bien. Judas, que sacaba dinero de la bolsa para su beneficio y vicios, era el más disgustado.

No solo hablaron del dinero, me juzgaron pensando en que ella me amaba en la carne. Y, por tanto, como Maestro, no podía permitir que me tocara. ¿Ves por qué no podemos juzgar? Cómo pecamos cuando, por una impresión o una apariencia, decimos que algo es de una determinada manera. Qué errores se cometen, cuántas injusticias. Al contrario de lo que pensaban, lo que había en mí era una mirada llena de compasión y, a la vez, de gratitud ante esas santas mujeres.

Contemplación sobre la traición de Judas

Cuánto dolor en el corazón del Señor, porque no pudo salvarlo. Me decía que él le había orado al Padre de rodillas no para que le quitase su cáliz, sino para evitar que su hijo se perdiera[89].

No sabes mi dolor cuando no vino a mí clamando perdón, cuando no creyó en mi misericordia, cuánto dolor por los que no creen que los puedo perdonar, cuántas almas rescataría de las fauces del mal si creyeran en mí. Ayúdame, ayúdame a que conozcan mi amor y mi misericordia, como sor Faustina, ayúdame[90].

El dolor del Señor es tan profundo.

Contemplación sobre la última cena

No podrías entender el gozo de mi corazón. Se acercaba el momento de la consumación de mi misión. Mi alma estaba radiante, aunque sabía lo que debía pasar. Solo empañaba mi alma la traición de Judas. No podrías entender cómo, a pesar de la traición de Judas, que Yo conocía claramente, podía mirarlo con amor y compasión.

A mi lado estaba Juan, mi Juan (me lo dice con una dulzura exquisita) cuánto me amó y cuán fiel fue. El único al pie de la cruz, él era como un niño de la mano de su Padre. Cuánta pureza en su corazón, cuánta dulzura. Diles a Juan, que supo amarme sin ningún reparo, y a María Magdalena que te enseñen a entregarte plenamente, a no dudar en el amor, a ser fiel.

El cielo estaba expectante ante el momento. El sacrificio establecería otro medio de comunión, otro medio de unión. Los discípulos expectantes no comprendían muy bien de qué se trataba, pero sentían gran gozo, porque el Espíritu Santo fluía en ellos, menos en Judas[91].

Mi Padre, presente, nos envolvía en un gran abrazo de amor. Ves la importancia de no comprometerte en algo y no saber si es posible por las emociones y no por la conciencia. Todos, excepto Juan, pensaron que no lo harían: negarme (era como hablándole a Pedro por su traición) luego del gozo que experimentaban. Imagina cuál no fue el dolor de Pedro. Una vez me negó tres veces. Todo pasó por su mente como una película y su dolor profundo lo sacudió en lo más profundo del alma.

Por otro lado, en el huerto de los Olivos, mi dolor. Al no tener comunión ni comunicación con mi Padre, pues Yo era pecado, cargaba todos los pecados, incluso los tuyos[92]. Estaba solo, nosotros que somos unidad, estábamos solos, la justicia divina estaba detenida por mi sacrificio y viéndome padecer de manera tan cruel, mi pena fue terrible, hija. Sin embargo, quiero mostrarte que poco o nada se habla de la terrible pena de mi Padre, lo que él vivió en su ser al ver al hijo amado de sus entrañas padecer de manera tan cruel.

Te ruego también que ores por su pasión, la pasión del Padre, para consolarlo. Cada eucaristía renueva este dolor y el ofrecimiento de mi amor lo satisface. No olvides orar por el Padre y enseña esto a tus hermanos, para ir reparando poco a poco. Hija, tantas cosas necesito enseñarte, te necesito dispuesta y atenta.

Aquí estoy, ahora comprendes la insistencia en la oración, es un encuentro en el jardín. Además de irte enseñando los secretos de mi corazón te iré sanando y liberando. Haciendo crecer el espíritu para que vayas al mundo con mi mensaje, con mi presencia en ti. Termina esto con una acción de gracias a mi Padre, que permitió que te revele lo más profundo, a pesar de no ser digna, a pesar de ti[93].

No hay palabras…

Contemplación sobre la resurrección del Señor

En el libro de Marcos, capítulo 16, se encuentra este relato. Es la narración de la contemplación que el Señor me permitió ver sobre ese pasaje:

María Magdalena, María y la madre de Santiago salieron muy temprano para el sepulcro, a preparar al Señor. Mientras caminaban, hablaban de cómo quitarían aquella gran piedra del camino. La Magdalena se aventuró a decir que el buen Dios de los cielos les ayudaría en esta tarea, "ya encontraremos quien nos ayude" (dijo). Cuando llegaron, vieron la piedra a un lado. Y un ángel de Dios, hermoso, radiante y con vestido de luz, les anuncio que el Señor no estaba ahí, que Él las vería en Galilea. Por el temor y la ansiedad, ellas no lograban comprender a qué se refería el ángel. La Magdalena, sin dar espera, entró en el sepulcro y se postró ante las mortajas, gritando: "ni siquiera tu cuerpo podré ver más; no fue suficiente con lo que te hicieron para que además robaran tu cuerpo". Lloraba desconsolada, las otras dos mujeres también conmocionadas, la consolaban.

Al momento, salieron del sepulcro a anunciar a los discípulos lo sucedido. En el camino se les apareció el Señor y les dijo: "La paz con ustedes". María Magdalena se postra a sus pies y gime al revivir su esperanza, levanta los ojos y se encuentra con la mirada del Señor. Los dos, sin hablar, lo dicen todo: ella le reafirma su amor y entrega; Él, su amor y perdón. El tiempo se detiene... las otras mujeres alababan a Dios por su poder y majestad, el Señor les dice que vayan a anunciarles a los discípulos la buena nueva.

Ellas salen corriendo e ingresan como locas al lugar donde estaban los discípulos. Pedro y Juan salieron, sin esperar a que terminara el anuncio. Los demás, un poco incrédulos y temerosos, no se mueven del lugar.

En el camino el Señor se les aparece a Juan y Pedro. Juan, sin mediar palabras y entre llantos y sollozos de pequeño, se abalanza y abraza a su Maestro, que gozoso lo envuelve en sus brazos de amor.

Mientras tanto, Pedro, avergonzado y temeroso se postra a sus pies. El Señor lo mira con una mirada que le traspasa el alma y el corazón. Sin decir nada, pero diciéndolo, todo le confirma su amor misericordioso y su perdón[94].

Pedro puede "leer" el corazón del Señor y solloza como un niño que ha cargado un gran peso en el alma. El Señor los abraza con una intensidad inevitable, regocijándose en sus discípulos, y les dice que les avisen a los demás.

Mientras tanto. mi Padre, en el cielo, se regocijaba por el triunfo de su hijo, porque había vencido la muerte, porque había sido fiel y obediente hasta la muerte de cruz. Por eso, Él me concedió su autoridad y poder, y la dignidad de sentarme a su derecha. Hija, no imaginas las cosas que mi Padre tiene preparadas a quienes le obedecen y le son fieles. Si supierais el lugar que ocupan los apóstoles y mis santos.

Si conocieras el bien de Dios... Cuando me aparecí a los discípulos, los que ya me habían visto se regocijaron, los demás se avergonzaron por la falta de fe. Yo les di fuerza en el corazón y les pedí que fueran a anunciar la buena nueva del reino de los cielos, que había esperanza, que Yo había resucitado y que el Dios de

Israel redimía a su pueblo. Les di autoridad y les dije que podían vencer al mal y hacer obras más grandes que las que Yo mismo hice, porque mi Santo Espíritu quedaría con ellos.

Un nuevo aire llenó la casa. En el corazón de los discípulos había espíritu de valentía y espíritu de adopción. Desde ese momento, ellos sin dudarlo anunciaban el reino de los cielos y vencían el mal en sus corazones. Porque Yo iría delante de ustedes.

Estas meditaciones han sido para mí fuente de gran amor, admiración y gratitud.

Contemplación sobre la encarnación

Esta es una continuación del relato que aparece en la introducción. Trata sobre cómo fue elegida María, desde antaño, para ser la madre de Dios.

Cuando fue el momento, Gabriel recibió el encargo de anunciarle a mi Madre este sublime acontecimiento. El ángel se sintió halagado y temeroso: del sí de mi Madre dependía la salvación. Él debía volver al Padre con una respuesta y pasaría a la historia por esa respuesta. Imagina la hermosura de la escena. Ella llena de luz por la gracia que la habita siempre, orando en su cuarto y entra Gabriel rodeado por esta luz del cielo. Ella, la Inmaculada, en perfecta adoración recibiendo del cielo la confirmación al latir de su corazón. Y su respuesta, el preámbulo de su vida que alegró el cielo entero, pero que estremeció el corazón de mi Padre[95].

Ahí viene la fuerza de nuestro Espíritu y desciende sobre mi Madre en un hermoso proceso creador. Lo invisible traspasó lo visible, y Yo, el Rey de Reyes y Señor de señores, quedé sometido a lo finito en un diminuto embrión, depositado en el tabernáculo de amor que me permitió experimentar la pureza de un amor humano, para no sentir de manera tan fuerte la ausencia del amor-unidad de mi Padre.

Nunca me sentí solo. El amor de mi Madre superó toda separación. Qué amor más perfecto en su humanidad[96]. Ella me amó desde el primer segundo de mi existencia en ella, y su amor nos comunicaba espiritualmente, desde el primer instante. Mi Padre, en muchos momentos, se recogía en su interior, por lo que significaba todo esto. Él también tuvo que, de alguna manera, desprenderse de mí, por ti y por toda la humanidad. Con razón y unción dijo mi Juan: "Tanto amó Dios al mundo que envió a su único hijo".

La obediencia y disposición de mi Madre colaboró en el plan de redención de mi Padre. Su papel en silencio hizo posible todo el proyecto de salvación. El Padre Dios, padre que debió él mismo ofrecer su amor, por su primogénito, por el amor a la humanidad. Él es Padre-amor. La obediencia al plan de amor. La misión de cada uno, silenciosa, puede ser inmensa para el plan de salvación.

Contemplación sobre el nacimiento del Señor

Esta escena es una de las más bellas que me ha regalado el Señor. Espero poder expresar de la mejor manera posible cómo la pude recibir.

Dios queda en manos de su criatura cuando María por primera vez carga al niño Jesús.

Había angustia en mi padre José, porque no encontraba un lugar digno para nosotros. En contraste, la absoluta confianza de María en que el Padre celestial sabía lo que hacía. Aunque en su corazón de madre sentía también algo de preocupación, nunca se quejó, ni le expresó nada a José. Cuando les dicen del establo, dentro de lo posible, lo adaptaron lo mejor que pudieron. Mi padre velaba la entrada, temeroso de que algún animal nos lastimara.

En el cielo todo era alborozo. Mi Padre y su Santo Espíritu esperaban el momento adecuado. Cuando fue el tiempo, el Espíritu Santo descendió para que fuera posible el nacimiento sin dolor, porque María es la nueva Eva y sobre ella no había caído la maldición[97]. Cuando la luz de Dios descendió al establo, en una santa prudencia, José no miró y esperó el llamado de mi madre. Cuando abrí mis ojos a este mundo me encontré con sus ojos de amor, un amor intenso. La familia celestial se comunicó y mi Padre del cielo se regocijó[98].

Ella me carga con un amor inestimable[99] y, así, el creador pasa a manos de lo creado...

Mi humildad me puso en manos de la criatura, indefensa y dependiente. María llamó a mi padre José, que se postró en reverencia y adoración. Él no se atrevía a acariciarme. Ella, con su dulzura, le dijo que él fue el elegido para cuidar de mí, que no debe temer.

Mi Padre José se acercó con amorosa reverencia y me estrechó en sus brazos. Nuestras miradas se fundieron. Por sus mejillas rodaron lágrimas de gozo. Me levantó y me ofreció al Padre. Me devolvió a mi Madre y con reverencia se retiró, para dejarnos en profunda intimidad, mientras él alaba, glorifica y exalta a Dios, por permitirle ser testigo de este gran milagro. Gran hombre fue mi padre José. Es modelo de santidad, ejemplo de hombre, padre, esposo y discípulo[100].

Me decía la Madre Santísima:

Yo me ofrezco por amor. Con él pude sentir la presión de la prueba, el temor de fallar, el dolor del Padre por mi sacrificio y, a la vez, mi amor hasta el sacrificio. Su mirada de amor comprensivo. Lo que se veía venir: el rechazo, la muerte, el dolor por la humanidad. Es la obediencia de amor que lleva al extremo que él pida porque su voluntad es perfecta, es amor. A dónde ir, por qué ir, por amor a él. La fuerza viene de Dios, solo de Dios.

Decía el Señor:

Yo percibía desde el vientre el ambiente de zozobra, la incertidumbre. Escuchaba que nos decían: no hay posada, la noche está muy fría y muchas cosas más, mientras mi Madre decía: el Dios de Israel cuidará de nosotros y de la criatura. Yo temí salir del vientre ahí, nada me faltaba, ¿qué vendría para mí? Cuando salí me encontré con ese amor consolador y reparador de mi madre, María. La paz me embargó, porque no importaba lo que pasara, había alguien que me amaba, estaba ahí para mí[101].

En medio de la contemplación hubo una frase que me impactó profundamente: "Amar es confiar en el amado".

Contemplación sobre el llamado del Señor a Zaqueo (desde la mirada de Zaqueo)

Jesús está en lo cotidiano. El momento de la comida puede ser de gran alabanza a Dios. Necesitamos la gratitud por los alimentos, por las necesidades básicas satisfechas, por tantas cosas. Decía Zaqueo que el Señor, ante el solo gesto de buscarlo, se deja encontrar (contrario a lo que a veces pensamos, que debemos hacer cosas extraordinarias o no tener faltas para merecer su mirada amorosa).

Decía Zaqueo:

Verlo (a Jesús) es ver la autoridad, la dignidad y la mansedumbre de un hombre. Lo humano y lo divino juntos. El vacío interior y la infelicidad guían en la búsqueda de la fuente de la vida. Él me vio en medio de la multitud. No importaba quién era o mi pasado, vio el anhelo de mi corazón. El desprendimiento es soltarse de las pasadas seguridades, el anhelo de mi vida debe ser Jesús, él es el alma de mi alma.

Y escuchando estas palabras, le preguntaba al Señor: ¿Quién merece tu amor?

Y dijo:

No se trata de merecimiento, es amor.

XVI - SOBRE LA HUMILDAD QUE LO CARACTERIZA, LA QUE NOS PIDE A NOSOTROS

Comprende, hija, que debes crecer para las cosas que tengo preparadas. Debes ser humilde y paciente. En el centro solo Yo debo ser tu primer pensamiento y tu último pensamiento. Luego, tu familia, tu trabajo y amigos[102].

Compréndame que este orden es divino y que, si logramos trascender nuestros apegos, idolatrías y demás obtenemos mucha bendición.

No juzguen a nadie. Sobre todo, con relación a su espiritualidad. Tú no sabes, no lees los corazones. Deja de opinar de los otros. Yo te quiero llevar por las naciones, pero debes ser humilde y centrada en tu Señor. Confíame tu pequeñez; préndete de mí fuerza. Tu corazón es mío y el mío es tuyo.

Le pedía ayuda, porque no podía sola, porque me sentía con una gran enmienda versus mi pequeñez, porque a veces sentía que "me podía la vida": las pruebas que he pasado, las traiciones, la lucha misma.

Escucha más.

Y me recordaba cómo no había estado atenta a una persona en particular[103].

Tú siempre me preguntas cómo y es lo que menos importa. De eso me encargo Yo. ¿Qué necesito? Tu disposición y humildad. Tú estás destinada a ser profeta de las naciones, los sueños que están guardados en tu corazón los he puesto Yo. Todo es a su tiempo, solo los libres libertan. ¿Por qué no crees en mis promesas? Te falta fe, hija, te falta fe.

Para ayudarme a comprender me mostraba el texto de (Ef 1: 3-4): "Bendito sea el Dios y Padre de nuestro Señor Jesucristo, pues, por estar unidos a Cristo, nos ha colmado de toda clase de bendiciones espirituales, en los cielos. Dios nos ha elegido en él antes de la fundación del mundo, para que vivamos ante él santamente y sin defecto alguno, en el amor".

Y me decía:

Todo se resume en el amor: ves que poder hay en ti cuando te doy el don del amor.

En mi diario vivir él quiere ser reflejado, que todo lo trasmita, en mis gestos, en mis palabras, miradas y acciones. Por eso me pone donde puedo tocar a muchos[104].

Me pidió leer el texto (Ez 22: 1-30) y luego me dijo:
El origen del mal está en la falta del mandamiento del amor. También se evidencia en otras formas: el ansia del dinero y del poder. Todo esto alienta al enemigo, que con su pestilencia todo lo va contaminando.

Oremos juntos al Padre para que mi plan de amor predomine y así lo podamos vencer, pero no quiero que te detengas afuera. Quiero que mires en ti: cuando ejerces violencia por tus conocimientos frente al ignorante, cuando humillas al que no tiene, cuando quieres resaltar y te pones en el primer puesto, cuando tu mirada no expresa amor, cuando eres cínica e irónica, mira tu vida y cómo te desenvuelves.

¿A quién le has negado tu tiempo, tu cariño? Cuanto te falta, hija mía, para ser más dócil al Espíritu Santo, más dulce y caritativa, más compasiva, más pausada. Haz conciencia mi pequeña, haz conciencia, no quiero que externalices, no quiero que juzgues, quiero que te mires a ti misma[105].

Haz de cada opinión o intento de juzgamiento una oración de intercesión[106].

Necesitas tomar conciencia de mi presencia en ti. Necesitas tomar conciencia de mi presencia en mis hijos, no pienses que te pido mucho, necesito que subas un escalón en tu espiritualidad, donde logres verme en todos y en todo. Los tiempos se están complejizando, debemos salvar a la mayoría posible.

El Señor me explicaba sobre el pecado, que es un rechazo a su plan de amor.

Mi plan nunca fue que mis hijos sufrieran, la tierra está diseñada para suplir las necesidades de todos. Ha sido la ceguera del hombre la que los está llevando a la destrucción, sus ansias de poder y dinero.

Puedo entender que no sea fácil evangelizar a quien no me ha conocido y a quien me atribuye el origen de todos los males. Hace falta mucha toma de conciencia en el mundo del proceso de declive que están llevando. Por esto no quiero sacrificios, quiero obras de justicia. Hija, porque ayudar a un hijo es exaltarme a mí. Qué tan bien lo entendió Teresa cuando en cada ser humano –incluso el que padecía de lepra- me veía a mí. Toda su vida la movía en torno a mí. "Lo hago por Jesús, él es mi todo", solía decir.

Unos vinieron a hacer grandes obras. Para otros su "Calcuta" es su hogar. Todos, hijos míos, tienen un papel que cumplir que nadie más podría cumplir[107]. Imagina cuán diferente sería el mundo si mis hijos escucharan mi llamado de amor.

Oremos juntos al Padre para que mis hijos escuchen mi clamor, oremos juntos para que la justicia prevalezca y los justos reciban lo que les pertenece, oremos porque se transformen los corazones y sean dóciles al llamado del Señor. Sin que te des cuenta eres referente para muchas personas, lo que hagas o no, marca senderos.

El pecado siempre tiene efecto colateral. Siempre hay otro u otros que se ven afectados. Hacer o no hacer algo fuera de mi plan de amor producirá mal fruto. Cuando buena parte de tu vida la has vivido en función del yo, el bien que dejaste de hacer y el mal que hiciste no ha sido poco. Tu egocentrismo, hija, ha sido tu principal pecado. Muchas de tus motivaciones han sido por tus egocentrismos, que no es precisamente autoestima. Todo lo contrario, tu falta de valía personal te llevó a esa actitud[108].

Has vivido centrada en ti, olvidándome en muchos momentos de tu vida, aun cuando me conocías y habías visto mi amor-misericordia. Salir de ti por mí será el inicio de la reparación, porque imitarme es la base de la verdadera felicidad y Yo no viví para mí, viví siempre para la voluntad de mi Padre.

Debes tener la oración, la meditación y la contemplación como el pan de tu vida. No es posible hacer conciencia en medio de tu vida agitada. No es que no vivas o trabajes, es que te órdenes[109] para el encuentro personal con nosotros, la Trinidad que te habita[110].

¿Cómo vas a saber qué hacer si no escuchas? Escucha, Israel, escucha. La conversión inicia con un proceso de reflexión interior, no hay otra manera.

En medio de este mensaje del Señor, sentía la voz del Padre Celestial que me perdonaba y me decía que debía hacer conciencia de que mi propósito tenía que ver con muchas almas, que debía ser consciente de mi pecado al no cumplir su voluntad. Me decía que realmente mi verdadera conversión era ese día, que nacía de nuevo y recibía su Santo Espíritu. Imagínese, tantos años creyendo que lo había logrado y apenas si se estaba dando[111].

La eternidad esperaba este momento (suena un poco exagerado, lo sé; es importante que no perdamos de vista que, en lo divino, el tiempo tiene medidas diferentes). Ese día Él hacía de mi corazón su nuevo templo. Que no me preocupara, que estaba trabajando en él. Me pidió postrarme, como su pueblo Israel (muchas veces debería orar así y, de hecho, en los momentos de más necesidad o de mayor unción no encuentro mejor postura corporal que esa), y me dijo:

No te quiero triste. Tu Dios te ha rescatado. Anunciarás la buena nueva del reino de Dios, porque te daré palabra para hablar a las naciones, porque no serás tú, será mi Santo Espíritu en ti. Y los que te oigan sabrán que hay un profeta en medio de ellos para la gloria del Padre que está en los cielos. Por tanto, debes estar en permanente escucha a las palabras que vienen de lo alto. Seré Yo y no tú. Será mi Santo Espíritu en ti, será mi mirada, mi voz y mis manos, no temas que Yo te cuido y velo por ti.

Me advertía que esto no lo iba a entender en principio (y aun hoy no alcanzo a dimensionarlo). Lo transcribo porque entenderá muchas cosas en medio de la lectura. Sé que es una gran responsabilidad y es mi llamado. Por esto no puedo no hacer lo que me pide.

El Señor me mostró la cloaca inmunda de donde me rescató[112]. Me pidió que me dispusiera a rescatar almas. Me dijo que algunos en la Tierra ya viven su infierno. Debía unirme al ejército victorioso de los últimos tiempos. Es la Madre del Señor quien lo lidera, para ir al rescate de muchas almas[113].

Me pedía que promoviera la devoción del lazo de la alianza: el Santo Rosario, como el lazo de unión y rescate, la herramienta del ejército victorioso de los últimos tiempos.

Tu vida está en mis manos, hija. Nada en tu vida es azar. Déjate conducir por un camino victorioso, lleno de la presencia de Dios. Así tu luz brillará como la aurora y reflejarás a mi hijo, porque has sido elegida para ser luz de las naciones. Como niña pequeña de la mano de su Padre. Así te quiero todo el tiempo, segura de mi voluntad perfecta, que busca tu felicidad, preámbulo de nuestra vida juntos en la eternidad. Déjate guiar para que se cumpla mi propósito en ti, para la mayor gloria de Dios.

En todas las cosas, lo que comes, cómo te vistes, todo, cuido hasta el más pequeño detalle. Mis designios para ti son insondables, verás cómo con el tiempo tu papel en la historia será conocido[114]. El tiempo te lo dirá....

Pensaba... reproducir la imagen de tu hijo, es una petición que me supera.

Qué gran encargo te he hecho. Ve a tu Principio y Fundamento: Transparentar. ¿Encuentras sentido a todo?[115] Tu lugar entre el número de los elegidos, tu lugar en el reino celestial, el que te ha pertenecido por decisión de mi Padre. Que tu vida sea una constante alabanza, por ser quien ha recibido más de lo que pudieras imaginar.

Bendecid a nuestro Padre por elegirte para ser salvada y ser instrumento de salvación. En ti se revelará mi gloria. Para la misión nada qué temer porque Yo velo por ti, nada te podrá separar de mi amor. Qué difícil ha sido, cuánto ha costado bajarte, hacerte dócil a su llamado y a mi voz. Has sido soberbia y caprichosa y eso te ha impedido crecer espiritualmente[116].

XVII - UN DESIERTO DE AMOR...

En mayo del 2014, tuve la oportunidad de viajar a Spokane, WA, a la Universidad de Gonzaga. Era una inmersión de siete semanas para estudiar inglés. Fue un tiempo de prueba, de grandes aprendizajes y de profunda soledad.

Yo soy camino, verdad y vida, nadie va al Padre sino por mí. Mis hijos no han comprendido el poder de esta frase. Es por mí, conmigo y a través de mí. Yo presento al Padre sus hijos, Yo intercedo al Padre por ustedes, ¿comprendes la necesidad de que me conozcan?

Así, Yo los conozco y presento a mi Padre celestial, ¿cómo podrían ir al Padre sin mí? ¿Cómo obtienes vida y vida eterna sin mi Padre? Nada se mueve en el universo sin su voluntad. Es su voluntad la que mueve todas las cosas.

Él es Padre amor, pero también es justo y Yo ya pagué la deuda. Por eso no puedes presentarte a él sin mí, Tu Señor y tu Dios. Él me ha concedido todas las cosas. Por eso, es importante establecer relación conmigo, para llegar al cielo. Mis hijos no pueden con la vida que viven y todo radica en la ausencia de Dios en sus vidas.

Quiero que sean felices, gozosos, que el paso por la tierra sea para amar y servir[117], pero el plan se ha descarriado y ustedes padecen todo el tiempo la ausencia de Dios en sus corazones.

Son templos vacíos y oscuros donde el mal anidó e hizo su trono. Volved a mí, volved al Padre, volved a la luz.

Tu misión tiene mucho que ver con eso, hija, ¿comprendes? Es como tú misma, que has vuelto a la luz. Otros lo añoran, pero no conocen el camino. Te amo. Recibe mi amor en tu corazón que exulta de gozo, por sentir el amor de amores en su corazón[118].

Del libro de Amos, 5:4: "Buscadme a mí y vivirás"[119] y luego, en una alocución, nos decía[120]:

Pequeños míos tan amados, hijos de mis entrañas y corazón, cómo los amo, reunidos alrededor de su Señor. Mi corazón exulta de gozo por sus alabanzas, su amor, su hambre de Dios, de su Dios. los amo con amor infinito, con el amor que lo llena todo, con el amor creador, el amor purificador, el amor de su Señor, su Dios, Su Padre. Amados de mi alma, amados, míos, muy amados hijos. Hija, bienvenida, hija tan amada, cómo te esperé, qué gozo hay en mi corazón, esto es para ti[121]. Te lo dice el Señor, te amo pequeña mía, ¡te amo! Flores todas de mi jardín, están hermosas, todas llenas de su presencia irradian la luz del Señor.

Para él, nosotros somos como un ramillete selecto, elegido, cuidado, podado con amor. Él nos ama con un amor que no podríamos tan siquiera entender. Su corazón está en fuego santo por nosotros, a pesar de nuestra iniquidad, de nuestro pecado, de nuestra humanidad.

Cómo nos ama el Señor. Él se derrite de amor, perdóneme querido lector, pero no tengo palabras para explicar la profundidad de lo que él siente. ¡Se derrite! Él se fusiona en nuestros corazones, como uno solo, y nos integra en la unidad del Padre y del Espíritu Santo.

El Señor nos anunciaba que ese era un día especial. El cielo estaba de fiesta porque sus hijos, sus amados hijos, entraban victoriosos, gozosos, exultando la gloria del Señor, llenos de su Espíritu, llenos de amor y alabanzas al Padre creador, al Padre amor, al Padre Madre, al Padre ternura, al Padre Dios, al Padre amor. Él es amor, todo es amor, todo tiene que ver con el amor. Todo es amor.

Amor, amor, amor, solo amor, nada más, hijos míos. Amar, amar hasta la locura, amar, amarse, amar con mi amor libre, mi amor que todo lo llena. Mi amor que da gozo, que da paz. Que da felicidad verdadera, el amor del Señor es el amor, amor, amor. Soy amor, hijos amados míos.

Mi hija escribe por mí[122], porque ella misma no puede ni hablar. Le he puesto dedos rápidos, sé que le dicto con rapidez, porque mi corazón no quiere dejar pasar este momento de hablarles, de decirles que los amo, los amo, los amo, los amo, los he amado siempre, los amaré siempre, la eternidad es poca para el amor que hay en mi corazón.

Por cada uno, de manera especial y particular, los amo, los amo, los amo, cómo más decirles, para que penetre su alma y todo su ser. Los amo, los bendigo. En el nombre de mi Padre, en mi nombre, en el nombre del Santo Espíritu, en el nombre de la Trinidad Santísima. Hijos míos amados, nación santa, pueblo elegido, pueblo de mi corazón. Amados míos, amados míos, amados de mi corazón[123].

¡Gracias! Por tu disposición, por tu fidelidad, por servirme. Por dejarte guiar, por morir un poco cada vez para tu Señor, gracias por estar pendiente de mi hija[124]. Está bien, pero estar ahí para ella es importante, no creas, asume grandes retos. Gracias, hija, gracias, gracias a todas, por el amor, por las oraciones, por los cuidados, se ha sentido casi en casa. En esta tarde no puede hablar, lo hago por ella, porque soy Yo en ella y sus manos no son suyas en este momento.

Gracias de nuevo, hijos amados de mi corazón. Yo los he unido porque son mi pueblo elegido. Yo su señor dispuse que se encontraran en esta época y tiempo, antesala de la nueva Jerusalén, donde les he dispuesto un lugar especial que Yo mismo he preparado para ustedes. Con el amor que hay en mi corazón, con cada detalle, con cada cosita que les dará felicidad.

Como el Padre que conoce los gustos de sus pequeños y no escatima esfuerzos en suplirlos, en darles lo que los hace felices, porque eso quiere, que sean felices, muy felices, amados míos. Felices ahora y siempre, con un gozo que dure eternidad. Los amo y los bendigo, amados de mi corazón. Mi padre cuida de ustedes con amor especial, ha dispuesto ángeles que cuiden sus pasos, cumpliendo su promesa del Salmo 91. Que hermosos ángeles cuidan de ustedes, hijos míos, porque son muy preciados para nosotros, bendiciones del cielo. Los amo, Jesús.

XVIII - VIVIR EN SU PRESENCIA

Estando en el Santísimo, le preguntaba: Señor ¿por qué tanto silencio? Y él me dice:

A veces Yo también debo tenerlo en obediencia al Padre[125]

Ese día había iniciado con un sellamiento[126] y él me dijo: "No me has saludado". Dándome a entender que antes que la oración, estaba él y en él, las tres personas de la Trinidad. El Señor quiere una relación, no un discurso prediseñado o una oración repetitiva (aunque estas son de gran bendición y unción), él desea comunión con cada uno de sus hijos; si esto lo comprendiéramos con mayor fuerza, nuestra vida sería muy diferente y viviríamos como él nos prometió, con una vida de abundancia. Me dice:

Orad y velad porque el enemigo acecha, tienes que cuidarte mi pequeña, siempre pregunta.

Le pregunté al Señor: ¿Cómo librarse de las trampas del enemigo? Y me dijo que con su guía constante. Él es luz en medio de la oscuridad. Su Palabra es antorcha que ilumina el camino, es imprescindible escuchar su voz y esta solo habla al corazón, en el silencio del alma. Es imprescindible nutrir nuestro espíritu con el pan vivo de su Palabra, que es espada de doble filo (Sal 119:105).

En medio de esta oración él me entregaba unos rollos antiguos[127].

Le pregunte: ¿cómo combatir al enemigo?

Con la Palabra de mi Padre.

Y ratificaba de nuevo:

Te daré Palabra para hablar a las naciones.

A quien mucho se le da, mucho se le exige. Qué gran encomienda y responsabilidad. Solo por gracia y guía será posible cumplir este encargo y solo por su gracia ha sido posible este libro, pues, como le he mencionado en otros apartes, no se trata de mí. Se trata de usted y de lo especial que es usted para el Señor y cómo él quiere que usted tenga esta información que, por ser sencilla que parezca, contiene perlas para la vida.

Me decía el Señor que no hemos entendido la gracia y el poder que hay en decir[128] "el Señor es mi luz y mi salvación por qué habré de temer" y me decía:

Lo cantas, pero no lo has interiorizado[129].

Y esto lo reforzó regalándome el Cántico de Azarías en el horno (Da 3: 24-26).

Cuánto nos falta crecer en la fe y la confianza en Dios. Cuán repetitivas son para nosotros algunas frases e incluso textos bíblicos, y qué poco hemos interiorizado y entendido el verdadero poder que hay en ellas. De Él y yo: "Persuádete de mi presencia en ti"[130].

El Señor me hablaba con dulzura de su anhelo para que no nos dejemos desviar por el mundo. Me decía que no alcanzamos a entender cuán bendecidos y protegidos somos en el espíritu, pues somos amados de manera incomprensible.

El Señor mostraba que él, como el más dulce y paciente alfarero, cuando se lo permitimos, nos va reponiendo pieza a pieza, para desbordar su gloria y presencia. Él me reparaba y repara a sus hijos que lo buscan con corazón contrito y humillado, para hacer la misión que se nos encarga.

Quiero decirle, querido lector, que estas palabras que escribo se quedan bastante cortas frente a lo que he vivido de ese tiempo a hoy. Su obra y misericordia para conmigo han sido maravillosas. Mi gratitud no es representativa de mis sentimientos frente a tanto amor.

Con este gran encargo, le pedía al Señor la gracia de su Santo Espíritu, para servirle como él espera[131].

Algunos verán, a unos no les interesará y para otros será de gran bendición. No te preocupes, porque no todos vean las perlas que les das. Obra pensando en agradarme a mí. Toma iniciativa de amor, sin perder nunca tu sonrisa.

Esto me hizo pensar en aquellos de mi familia que están alejados de Dios. A propósito de la lectura de la oveja pérdida, me dijo: "Háblale a mi Padre de ellos". Veía algunos familiares que estaban lejos de la presencia del Señor y no sería yo quien llevaría el mensaje de su Palabra, por eso debía entregárselos al Señor. para que Él haga la obra.

Concéntrate más. Algunos de tus amigos están en el camino. No los sueltes. Son de tu tienda, pero otros no. Ora por ellos, porque no es fácil que vean. Muchas veces, hija, la mejor manera no es hablar, sino orar.

Esta frase en principio sonó muy fuerte. Pero luego comprendí que Dios tiene para cada uno de nosotros un propósito y sus instrumentos. Probablemente, no soy la llamada a llevar muchas cosas a mi familia, o a las personas con las que me relaciono. Como se dice, no somos profetas en nuestra tierra.

Me decía el Señor:

Permanece fiel a tu Señor[132]. El mundo y su ceguera impiden que los hijos del Dios altísimo vean el Reino que habita en ellos, la Majestad de la Trinidad Santa que habita la creación de amor de Dios.

Si todo se centra en tu Señor y tu Dios, tus suspiros, tus anhelos, tus temores, tus peticiones, tus debilidades, el Creador excelso transforma, construye, modifica y hace de ti el ser que pensó desde el principio de la eternidad. Fuiste creada para ser feliz, victoriosa y bendecida.

Nunca ha sido mi plan el que mis hijos no tengan plenitud[133]. El mal como mala savia entró en sus corazones y desvió el plan de Dios. Es tu libre albedrío y el de tus antepasados, que llevaron los caminos que siempre fueron bendición a caminos de dolor, de maldición, de tristeza[134].

Pedid mi Santo Espíritu, que revela lo oculto, los pecados, la iniquidad y la rebelión. ¡Pídeme ver!

No temas ver tu maldad, bajo la luz de mi Espíritu. Yo puedo y quiero transformar la oscuridad en luz, la tristeza en alegría, el dolor en paz. ¡Ven a mí! Todo se guarda en el corazón. Es ahí donde está tu tesoro o tu maldición, pídeme que con la espada del evangelio y la Palabra de Dios entre a la raíz y saque tu maledicencia, para que haya pureza en ti.

Solo puedo suspirar y tratar de asimilar. Cuando busco que baje esta información a mi ser interior, me sacude y me hace optar por moverme de mis comodidades y de mis propias necedades.

Mensaje del Señor en medio de la oración[135].

Cada día pídeme mi favor y mi protección sobre ti. La gracia de Yahvé camina contigo: es tan fácil pedir mi poder y favor.

Necesito esta intimidad para siempre bendecirte y, a través de ti, bendecir a otros. No dudes de mi presencia. Te quiero dispuesta a la batalla de servicio.

En medio de la oración, el Señor me pidió que leyera sobre los prodigios del nuevo Éxodo[136], en el libro de Isaías 43: 16-21. Ella le decía que no guardara silencio, que llevaba días sin escucharlo…

Has sido llamada a bendición y a traer a otros a bendición. Necesitas seguir instrucciones: escucha Israel, escucha. Bendice para que seas bendecida. Pedidme, dime tus angustias. No hables de tus finanzas, sino para bendecirlas. Traedme permanentemente a tus pensamientos y así tendrás mis pensamientos en ti.

Cuando perdemos conexión con el Señor perdemos bendición.

Mensaje del Señor en medio de la oración[137].

El amor de Dios es insondable. Ayúdame a que me conozcan. Pídeme ser Yo en ti, pídeme a mí y a mi Madre guía. No imaginas las posibilidades, los prodigios, las gracias. Tennos siempre en tu pensamiento.

Cuando cierras tus ojos y piensas en mí, me atraes como un imán, no puedo no estar presente. Yo te prometo atraer a todos los hombres hacia mí a través de ti. Es una promesa. Pide la sabiduría que viene de lo alto, que nada te preocupe.

El Señor señala la importancia de lectura de la epístola de Santiago, capítulo 1, e invita a descubrir la sabiduría ahí contenida.

Mensaje del Señor en medio de la oración[138].

"Mi sacrificio lo justifico todo, preséntate siempre ante mi Padre bañada con mi sangre".

Esto me lo confirmó a través de este texto: (Rom 5: 1-11).

Mensaje del Señor en medio de la oración[139].

Él en su bondad dice: Un beso de parte del Señor.

Me sentía muy sola, y él me mostraba cómo desea ser nuestro abrigo, el que cubra todo el cuerpo, alma, espíritu y mente. Y, de manera especial, el corazón.

Y me dijo:

Yo también te amo como un Padre ama a un hijo, como un esposo ama a una esposa, como un amigo se entrega de manera incondicional. De todas las maneras y formas te amo. Y espero, hija, que siempre me puedas corresponder a este amor grande y misericordioso que siento por ti.

El cierre perfecto a una conversación amorosa y sincera con el Señor fue a través de Él y yo[140]: "El poder y la fortaleza de Dios son enormes. Sin embargo, mi hija no lo aprovecha tanto como podría".

Mensaje del Señor en medio de la oración[141].

Alábame por este tiempo maravilloso; alábame que todo en ti sea alabanza"[142].

Hay ángeles a tu alrededor. Nunca estás sola. Buscadme en todo tiempo y lugar. No pierdas tiempo para verme. Mis ojos cuidan de ti, mis oídos escuchan tus súplicas. Nunca pienses que no te escucho, cada cosa tiene su tiempo. ¿Te das cuenta de lo que quiero hacer contigo? Transformarte para gloria de las naciones. Yo quiero mi resplandor en ti.

"Porque el Señor es el Espíritu, y donde está el Espíritu del Señor, allí está la libertad. Y todos nosotros, que con el rostro descubierto reflejamos como en un espejo la gloria del Señor, nos vamos transformando en esa misma imagen, cada vez más glorioso. Así es como actúa el Señor, que es Espíritu" (2 Cor 3).

Aquí está el secreto hija:

"En efecto, la leve tribulación de un momento proporciona un desmesurado y rebosante caudal de gloria eterna a cuantos no ponemos nuestros ojos en las cosas visibles, sino en las invisibles. Pues las cosas visibles son pasajeras, más las invisibles son eternas" (2 Cor 4: 16-18).

La Palabra de Dios está llena de sabiduría para la vida, se requiere aprender a empaparse más y más de ella y esta gracia solo la da la luz del Espíritu de Dios.

Mensaje del Señor en medio de la oración[143].

Pedid constantemente al Espíritu Santo que ponga tu mente en obediencia a mí, no me dejes a un costado del camino, hija tan amada, no me pierdas de vista[144].

Mensaje del Señor en medio de la oración[145].

Camina los pasos que él te dé, te aseguran gozo y vida eterna.

Gracias Señor porque me has trazado pasos de bendición y perdón. Cuando me desvío de esos pasos de gloria, cuando me desconecto de ti, cuando no te tengo presente en mi vida, cuando no pido la guía de tu Santo Espíritu, es muy fácil tomar caminos errados.

Mensaje del Señor en medio de la oración[146]:

Señala un texto de Él y yo[147] y me pide leer Isaías 49: 1-7.

"Lo verán reyes y se pondrán en pie, los príncipes se postrarán reverentes, a causa de Yahvé, que es leal, del Santo de Israel, que te ha elegido".

Cuando Yo pase a ser el centro de tus pensamientos, lo demás vendrá por añadidura.

"Buscad primero el Reino de Dios y su justicia, y todas esas cosas se os darán por añadidura. Así que no os preocupéis del mañana, pues el mañana se preocupará de sí mismo: cada día tiene bastante con su propio afán" (Mt 6: 33-34).

Buscar a Yahvé es frecuentar su santuario, buscar la Palabra, buscar su rostro. Todo para conocer su voluntad y vivir conforme a ella.

Buscadme, hija. Tú no eres del mundo. Deja todo por mí. Yo traeré a ti lo que deba, y lo que no lo alejaré[148].

No temas, no pretendo que seas infeliz. Todo lo contrario, que conozcas la verdadera felicidad.

Mensaje del Señor en medio de la oración[149].

El Señor habló de la curiosidad. Él me decía que no debe ser la curiosidad humana la que nos lleve a querer conocer cosas que no siempre nos edifican, sino la "curiosidad" que él inspire a través del Santo Espíritu, porque su pueblo necesita conocer la verdad. Sus misterios son insondables y solo se revelan a quien Él quiere.

"Por aquel entonces, tomó Jesús la palabra y dijo: "Yo te alabo, Padre, Señor del cielo y de la tierra, porque has ocultado estas cosas a sabios e inteligentes y se las has revelado a gente sencilla. Sí, Padre, pues tal ha sido tu decisión. Mi Padre me ha entregado todo, y nadie conoce al Hijo, sino el Padre; ni al Padre lo conoce nadie, sino el Hijo y aquel a quien el Hijo se lo quiera revelar" (Mt 11: 25-27).

XIX - CONFIANZA EN SU AMOR

Mensaje del Señor en medio de la oración, con mis amigas vía Skype[150].

Amados míos, anhelante estoy de oírlos, sin reservas, sin reparos, con la confianza de un niño en su Padre.

Mi corazón exulta de amor por cada uno y añora recibir de cada uno sus más íntimos pensamientos. Me deleito en la confianza de mis hijos. En la confianza que puede mirar a su creador con certidumbre de compasión y comprensión.

Mis pensamientos no son sus pensamientos. ¿Qué de ti no conozco? Ven a mi corazón abierto de par en par y dime todo lo que hay en tu ser. Juntos podemos hacer equipo y trabajar en pro de la libertad que quiero tengas. Quiero que habites en el reino antesala de la morada eterna.

Recuerdo una ocasión, estando en el balcón del apartamento donde vivía. Hablaba con el Señor y me decía que así, tan fácil como en ese momento, era la comunicación con él, porque su deseo es que todos los pensamientos y anhelos se los compartamos. Que era tan sencillo como iniciar la conversación (y créame querido lector, es tan sencillo como eso). Decía, además, que él disfrutaba mucho de ser nuestro confidente. Invitaba a que todos los pensamientos los compartiéramos con él. Me decía[151]:

Hoy van a pasar cosas muy grandes. Haz una oración de entrega. Sella el lugar. Háblales de mi amor que vence todo y sana todo. Haz posible el fluir de mi amor. Cuánto anhelo darles en medida abundante y ustedes no saben recibir. Cuánta necesidad de que comprendan mi Palabra: no tienen, porque no saben pedir.

Y lo reafirmaba regalándome este texto (Mt 7: 7-11).

Mensaje del Señor en medio de la oración[152].

En este desierto de amor santo y divino, os pido que busquéis un espacio de silencio: un encuentro a solas conmigo. Vaciad todo lo que lleváis dentro: vuestros miedos, temores, dudas, incertidumbres, entregadme vuestro pecado, los puntos negros que opacan la luz divina en vuestra alma, alma que será iluminada, que se tornará brillante porque sopla mi hálito divino en ti.

Busca un espacio de silencio y cuéntame tus preocupaciones, aquello que opaca la luz de vuestros ojos. Te quiero poseer en la magnitud de mi amor, todos los días.

Hablé a vuestro oído y os traje al desierto para que bebáis del agua viva que brota de la llaga abierta de mi sagrado costado. No tengáis miedo en mirarme a los ojos, no tengas miedo a todo a aquello que suscitare en vuestro corazón. Soy el arquitecto de tu vida y trataré nuevos planes de amor.

Tengo tanto derroche de ternura que depositarte, así que te envié a un lugar solitario. Toma mis manos, mi palabra, que ha de ser miel a vuestros labios. Medita en ella.

Tengo un propósito de amor en tu vida y en muchas de las personas que hay a vuestro alrededor, de las que amas, de las que te cuesta amar, de las que conoces y de los desconocidos, de todas y cada una de las almas que ponga en tu camino.

Te amo mi pequeña y dulce niña.

Estas palabras fueron un bálsamo para mi corazón en medio

de la soledad que experimentaba a miles de kilómetros de los míos.

Quiero que pertenezcas totalmente a mí. Ven ante mi presencia, deseando ser transformada[153].

Mensaje del Señor en medio de la oración[154].

Antes de iniciar el día o la oración, saluda a la Trinidad y al cielo entero. Ponerte en disposición, eso hace la diferencia. Cuando se llegue el tiempo de irte, sentirás que se acaba esta intimidad. El propósito, entre otros, es que en medio de tu cotidianidad continúes en permanente comunión conmigo. No pelees con tus pensamientos, no tengas discusiones imaginarias, entrégamelo todo, habla conmigo.

Y lo reafirma a través de Jesús con cariño[155]: Siempre oigo y respondo.

Estando en la inmersión, fue mi cumpleaños número 39. El Señor me dijo que le pidiera al Espíritu Santo que mostrara qué pedir de regalo de cumpleaños. Y me dijo:

Sabiduría y discernimiento, que todo lo demás viene por añadidura. Bendecir todo porque todo él me lo ha dado. Más humildad. Sabiduría: ¿sabes cuán gran tesoro es tener la sabiduría de Dios?

Dice el Señor:

No quisiera perder esta intimidad. Sé lo que sientes, tus emociones, emotividades, pero si no fuera para tu bien, no lo habría permitido.

Me llevó al libro de la Sabiduría capítulo 7:

Hay que pedirla, pídele a mi Padre para que sea el regalo de tu cumpleaños, nada hay más importante que la sabiduría que viene de Dios[156].

XX - SOBRE EL DISCERNIMIENTO PARA LA VIDA DIARIA

Frente al Santísimo, pedía Palabra y me salió la lectura del ciego de Jericó. Y me dijo[157]:

Pídeme como el ciego de Jericó que dé luz a tus ojos para lo que debes ver.

Y vino ante Jesús. Jesús, dirigiéndose a él, le preguntó: "¿Qué quieres que haga por ti?" El ciego respondió: "Rabbuní, ¡quiero ver!". Jesús le dijo: "Vete, tu fe te ha salvado". Al instante recobró la vista y le seguía por el camino (Mc 10: 46-52).

Cuán necesaria es esta petición al Señor. Nuestra ceguera espiritual es enorme y por esto, el enemigo se aprovecha de nosotros y nos hace la vida imposible. Cuando le pedimos con fe a Dios la gracia de "ver" y comprender lo que realmente está pasando, damos pasos gigantes en nuestra vida espiritual, dado que el mundo espiritual define el mundo material. Si nosotros no logramos ver "más allá", este hace que no obtengamos respuestas, porque no estamos pidiendo lo correcto o trabajando en lo verdaderamente necesario. O que gastemos nuestras fuerzas en terreno infértil.

Consúltamelo todo. Invoca mi presencia, por medio de mis Santas llagas, y al Espíritu Santo y a mi Madre, su santísima esposa[158].

Veía como el Señor tenía en sus manos una rosa hermosa (de color pastel) para entregármela.

Debes tener cuidado con los apegos, no los generes, no los permitas. Ten descernimiento.

Es importante comprender este aspecto. Los apegos terrenos nos van generando idolatría, es necesario discernir y no generar apegos que nos causan dolor. Además, porque cuando se empieza un caminar con el Señor, Él nos aleja de aquello que nos separe de él. Es un Dios celoso, como dice en su Palabra, Mt 13: 24-30[159].

Los caminos de bendición son trazados por la mano de mi Padre. Los caminos de maldición son trazados por el enemigo. Qué estrecho y difícil se ve el camino al Padre y qué bendición estar en él. El camino de los elegidos, el final del camino. Cuán diferentes y atractivos son los caminos del diablo y qué terrible destino para el que los escoge.

Esto es muy revelador. Le pido al Espíritu Santo, que su espíritu capte la profundidad de estas palabras.

Se venía una semana fuerte de trabajo, y me dice[160]:

Invítame a trabajar contigo. Quiero propagar mi misericordia, que cada acto tuyo, sin perder el rigor necesario, sea misericordioso. Yo habito en ti y debes hablar desde el amor. Así, aunque debas reprender en lo humano, habrá la inigualable sensación de que en ti hay algo diferente. Dios que se revela[161].

De Él y yo, me indica: "Viendo a los otros como él". Cómo se necesita hacer meditación activa, pidiéndole que sus pensamientos se posen en los nuestros, para ver con sus ojos y amar como él ama".

Le preguntaba si no tenía nada para decirme[162] (ese anhelo permanente de saberlo presente, a pesar de que sé, y bien que lo sé, que está siempre conmigo, mi falta de comunión hace que a veces no lo perciba) y Él con dulzura, me dice: Siempre tengo palabras de amor para ti.

Pensaba en mis complejidades, en lo que me cuesta mi relación con algunas personas y me dice: Si buscas que te entiendan... como dándome a entender que él me creó, que lo sabe todo de mí y cuestionándome el por qué a veces olvido que puedo recurrir a él, sabiéndome comprendida al extremo...

XXI - FRENTE A LAS DIFICULTADES DE LA VIDA DIARIA

Estaba en medio de tensiones laborales[163]. Estaba frente al Santísimo, le entregaba el día y reflexionaba sobre la Palabra que él me había dado en Pereira, en una oración, He 9: 15: "Ve, porque él me es un instrumento escogido, para llevar mi nombre en presencia de los gentiles, de los reyes y de los hijos de Israel".

Y me dijo: lee a Jn 5: 6-9, el paralítico de Betesda.

Antes de empezar, inicia la jornada pidiendo el Espíritu Santo.

Me invito a leer de Imitación a Cristo[164], el capítulo 19: "Ejercicios que debe practicar el creyente fervoroso".

Prudencia, hija, sabiduría al hablar, no digas en privado lo que no puedas sostener en público. Clama mi Santo Espíritu antes de cada actividad, antes de cada interacción. Yo soy tu guía, pídeme mis enseñanzas de vida.

Definitivamente, sin él nada podemos hacer. Como lo decía el apóstol.

Frente al dolor, la desesperanza y la tristeza, dice el Señor:

Mensajes en medio de la oración:

Hay muchas lágrimas internas, hay mucho dolor. Aquí estoy. Yo los escucho.

El Señor nos recordaba en ese día que el murió por nosotros. Y que lo haría otra vez para salvarnos. Que nos tiene cubiertos a todos con su sangre preciosa y que está atento a nuestro llamado: son mis hijos, volvería a pasar por ese suplicio, si fuera necesario[165].

Él nos conoce y nos hizo para su servicio, para que amemos a la Trinidad y a su Madre Santísima. Humildemente considero que, aún hoy, no comprendemos el verdadero papel que tuvo y tiene la Santísima Virgen María.

El Señor siempre invita a que pongamos nuestro corazón a los pies de la cruz, que le entreguemos el dolor, las cargas, las enfermedades, todo lo que nos hace sufrir, pues él nos ama y no le gusta que suframos. No olvidemos que él tiene el poder sobre todo y nos puede ayudar, si se lo pedimos. Cuán diferente es la vida cuando ponemos todo en sus manos.

El Señor nos invitaba en esa ocasión (y siempre) a que permanentemente pidamos al Espíritu Santo. Que él nos guía, y nosotros debemos adorarlo, amarlo, alabarlo. Él es grande. Como él no hay nadie. Y es importante tener presente que es un Dios celoso. Son varios pasajes bíblicos donde se especifica que él es un Dios que no permite que adoremos a otros dioses o tengamos ídolos. Es una de las cosas que debemos tener claras.

En esa oración, el Señor nos pedía que le entregáramos todo. Estaba ahí para recibirlo, estaba ahí para escucharnos. Cuando él hace este tipo de peticiones, aparentemente simples, está abriéndonos una ventana de bendición que muchas veces no sabemos aprovechar. Él se lleva todas nuestras cargas, nos alivia el alma y se pone él mismo al frente de nuestros asuntos. Es por nuestro libre albedrío que él no interviene, él no entra donde no es invitado, debemos saber que es tanto su amor y misericordia que está aquí para escucharnos a cada uno y recibir las peticiones, a llorar con cada uno, consolarnos, darnos alegría en el corazón.

Pasaba por una situación personal difícil, y me dijo[166]:

Que tu entendimiento esté contigo, que tu voluntad esté conmigo y lo mismo tu memoria, que nuestra unión permanezca como mi unión con el Padre. Te doy mi sangre como manto que te envuelva.

Estaba muy triste. Estando en el Santísimo, me regaló, del libro La imitación a Cristo, el capítulo 29, "Reconocimiento de la debilidad". A veces, nuestra soberbia nos impide ver más allá y pedir ayuda al Señor.

Luego, me sugiere leer Is 43: 8-12. Y me dice:

Amor mío, ven conmigo. Tú no me ves, pero estoy aquí.

Cuando había entrado en El Santísimo, me dijo que antes de las oraciones, lo saludara y habláramos[167]. Realmente nada que me pase es desconocido por él. La diferencia está cuando voy con confianza absoluta a entregarle aquello que me agobia, a contarle mi sentir, a desahogar mi corazón en su majestad.

XXII - GRATITUD Y ALABANZA CONSTANTE

En medio de la oración decía el Señor[168]:

Humildad y alabanza eterna a mi Padre por los dones inmerecidos. Que todos los días sea una alabanza a mi Padre por su favor, su misericordia y su amor.

Cuánto fallamos en alabar al Dios de todo lo creado. Cuando nos dirigimos a él debemos empezar por alabarlo, bendecirlo y glorificarlo, como Padre que es. Podemos derramar todas nuestras angustias. También nuestros sueños y proyectos, pero entramos por la puerta equivocada y su Palabra es muy clara, Sal 100: 4-5.

El silencio interior y exterior, permite que tu Señor te hable al corazón[169]. Si no abres tu boca para bendecir, es mejor que calles. Tienes mucha ligereza en la palabra, debes cuidar la boca.

Nuestras palabras tienen un gran poder para bendecir o para maldecir. Somos muy ligeros en el hablar. Hemos sido hechos a su imagen y semejanza y él hizo el cielo y la tierra con su Palabra (ver libro del Génesis). Sobre este tema hay un interesante libro, Esta boca mía, de Joyce Meyer, a quien leo con admiración. Y me lo confirma a través de Él y yo[170]: "Que tu pensamiento sea siempre limpio y centrado en mí, que sea un reflejo de los deseos de mi corazón".

Cuidar la mente, cuidar los pensamientos, porque no es lo que entra lo que nos contamina, es lo que sale de nuestro corazón. Como pensamos, así somos.

Cantaba camino al trabajo con mucho júbilo, por supuesto desentonada[171].

Siento alegría por tu alabanza y tristeza frente a los que no me reconocen.

Esto lo confirmo luego, con cariño, a través de Jesús: "Alaba a Dios… Quisiera que mis hijos se aficionaran a alabarme".

Frente al Cántico de Moisés, que es una canción de Paul Wilbur basada en este texto, me decía:

Que Yahvé te bendiga y te guarde; que ilumine Yahvé su rostro sobre ti y te sea propicio; que Yahvé te muestre su rostro y te conceda la paz. Si invocan así mi nombre sobre los israelitas, yo los bendeciré (Núm 6:24-2).

La constancia en alabar, la constancia en la oración, mi Padre siempre escucha y se conmueve ante tus oraciones (ante las de todos sus hijos).

Hablaba de la gran protección que viene de Dios, que él no se duerme, que de muchas cosas éramos conscientes y de otras no. Alzo mis ojos a los montes, ¿de dónde vendrá mi auxilio? Mi auxilio viene de Yahvé, que hizo el cielo y la tierra. ¡No deja a tu pie resbalar! ¡No duerme tu guardián! No duerme ni dormita el guardián de Israel. Es tu guardián Yahvé, Yahvé tu sombra a tu diestra (Sal 121).

Decía el Señor que siempre debía tener estos momentos de oración, que él sabía que me costaba con tantas cosas en mente y tantas ocupaciones, que igual en otros momentos de mayor intimidad me llevaría al desierto para instrucciones específicas. Y así fue. Un año después tuve mi desierto de amor cuando viajé a Spokane, WA.

Dice el Señor a propósito del evangelio Lc 12: 13-21[172].

Les dijo una parábola: "Los campos de cierto hombre rico dieron una abundante cosecha, y pensaba para sus adentros: '¿Qué haré ahora, si no tengo dónde almacenar todo el grano?' Entonces, se dijo: 'Ya sé lo que voy a hacer. Demoleré mis graneros y edificaré otros más grandes; almacenaré allí todo mi trigo y mis bienes, y me diré: Ahora ya tienes abundantes bienes en reserva para muchos años. Descansa, come, bebe y banquetea'. Pero Dios le dijo: '¡Qué necio eres! Esta misma noche te reclamarán la vida. ¿Para quién será entonces todo lo que has preparado?' Así es el que atesora riquezas para sí y no se enriquece en orden a Dios.

Ustedes planifican el futuro y está bien, pero ¿planifican para la vida eterna? ¿Que llevarán ante mi Padre cuando sean llamados a su presencia? ¡Solo se llevan las buenas obras, fruto del espíritu, ¡acumulad! Para el reino de los cielos es el único tesoro que vale la pena.

Sobre el texto de Rom 4: 18-25.

Abrahán esperó contra toda esperanza; creyó, y eso le valió para ser padre de muchas naciones... Por el contrario, ante la promesa divina, no cedió a la duda con incredulidad; más bien, fortalecido en su fe, alabó a Dios, totalmente convencido de que él es poderoso para cumplir lo prometido. Por eso, le fue reputado como justicia.

Hay una fórmula, hija, la fe y la voluntad de mi Padre. Esta puede cambiar ante una petición llena de fe y contrición. Mi Padre no es intransigente, solo busca tu vida eterna. Todo es permitido, pero no todo conviene.

Todo es lícito, pero no todo conviene. Todo es lícito, pero no todo ayuda a construir la comunidad. Que nadie procure su propio interés, sino el de los demás. Comed todo lo que se vende en el mercado, sin plantearos cuestiones de conciencia, pues del Señor es la tierra y todo cuanto contiene (1 Cor 10: 23-26).

Me dio a entender que siempre prevalece la eternidad, pero olvidamos esta perspectiva antes de pensar nuestras peticiones o de empecinarnos en ellas.

Por eso te pido que no pienses los cómo, piensa en la paz que es el plan de Dios. No han entendido el poder de la fe, la batalla está en la mente. En ese jardín el enemigo siembra cizañas: dudas, temores, incredulidades, angustias, menguando el poder que hay en ustedes por la fe. No en vano os dije si cambia su manera de pensar, cambia su manera de vivir, teniendo su mente en obediencia a Cristo.

El Señor mostraba que antes de pedir los frutos, debemos pedir las buenas semillas: el don de la fe, el poner nuestra mente en obediencia a él, el amar su voluntad (que es buena, agradable y perfecta). Y dijo lee el Salmo 1, que es una comprobación más de varios de sus mensajes.

Leyendo Mc 11: 1-11 (entrada mesiánica del Señor), me dice:

Vengo a estar en el interior de tu alma ¿me recibes?

Mi corazón se estremeció y solo atiné a pensar que podía poner como tapete a sus pies mi debilidad, mi pobreza, mi nada, mi pecado, mi orgullo. Y que lo único bueno en mí es el anhelo de mi alma por él. Con algo de sonrojo le dije: ven y habita, Señor, en mí, habitemos juntos para el plan de Dios. Y su respuesta me la da a través de Él y yo[173]: "Tú me pides ayuda para hacer mejor las cosas".

Acababa de decirme cuánta misericordia había tenido para conmigo, cuánto favor y bondad, cuánta predilección, la misma que me debe llevar a humildad y gratitud por quien yo era (y sigo siendo, pues la santidad, me atrevería a decir, es una búsqueda permanente, un camino, más que un destino, pues nuestra humanidad nos pesa, y mucho).

Santidad, humildad y disposición es todo lo que necesito de ti. Soberbia y falta de humildad son dos grandes debilidades, entre otros aspectos. Ten cuidado siempre[174].

En otro momento, sobre este tema, en un Concierto de Martín Valverde, me dijo[175]:

Cómo no escuchar el clamor de mis hijos por los que di mi vida. Mi corazón se exalta al ver sus corazones rebosantes de alabanza dirigidas a mí.

Leyendo la Palabra de Dios en Ec-Qo 39: 33-34[176].

Las obras del Señor son todas buenas, y él provee oportunamente a cualquier necesidad. No hay por qué decir: Esto es peor que aquello, porque todo será reconocido en su momento.

Luego, dijo:

Agradece toda la prueba, la bendición, la tribulación, el dolor. Toda actitud de alabanza transforma el entorno.

Con todo esto, no me quedó más que darle alabanzas desde lo profundo de mi alma. Por esto, el párrafo que sigue es como una expresión de mi corazón para él:

"La contraprestación" del Señor a nuestras fallas es amarnos más. Qué bendito e incomprendido amor el que nos tienes. Cuán grandiosa es la expresión del amor en ti. Cómo no dejarnos amar por ti cuando es nuestro anhelo de tu amor el que precisamente no permite que vivamos el tuyo, tantos vacíos tenemos en el alma, amado mío, que nos cuesta dejarnos amar por el amor.

Bendito seas eternamente porque nos amaste primero, nos hiciste ya amándonos, no dejas de amarnos y nos amarás eternamente.
Bendito el amor, que eres tú mismo.
Benditas tus sendas llenas de ternura.
Bendito tu rostro resplandeciente que todo lo ilumina.

Bendito tú en tu ser inmaculado y lleno de misericordia.

Bendita misericordia que me perdona antes de tan siquiera reconocer mi falla.

Bendito amor "olvidadizo" de mis pecados y errores, que me sigue viendo cómo me creó, hermosa en la perfección de la creación de Dios, no imperfecta en la perversión de mi humanidad.

Cómo no elevar cantos de alabanza a tan grandioso Rey y Dios.

Cómo no mirar el cielo y fundirse en tu abrazo paternal.

Cómo no suspirar por ti, amado mío. ¡Cuán grande eres!

¡Cuán maravilloso, majestuoso y hermoso!

Te amo desde mi humanidad imperfecta.

Te amo desde el amor que me das.

Te amo, amado mío[177].

XXIII - HACER FRENTE A LA BATALLA DE LA MANO DE DIOS

Sobre las murallas de protección[178]

A partir de la lectura del libro de Isaías capítulo 35:

Es mi promesa de salvación para ti y los tuyos, pero te necesito firme en la batalla… El enemigo está desesperado porque estás cerrando las brechas[179] y sabe que con mi sabiduría y amor tus obras serán grandes. Recuerda ser prudente.

Es muy importante ser consciente de la necesidad de subir nuestras murallas, la analogía es muy propicia. ¿Qué hace uno para protegerse de los ladrones? Pone alarmas, pone rejas de seguridad y sube los muros. El mundo espiritual es algo parecido. Poner murallas de protección frente al enemigo nos defiende de él, pues como dice la Palabra, vino a robar, a matar y a destruir, y anda como león al acecho de su presa. Estos muros se construyen con la oración y literalmente nos hace "infranqueables".

Oraba[180] pidiendo intimidad y más unción para seguir sus preceptos y a través de la Palabra me indica el texto de la caída de las murallas de Jerusalén, de Jeremías. Le pregunté por qué, y me dijo:

Por la falta de oración, entre menos oras, más bajas son tus murallas.

El Señor fue muy claro en su Palabra: en todo tiempo velad y orad.

Estando en el grupo de oración[181], nos regala el Salmo 10.

Estad alertas para que el enemigo no os engañe y se meta en vuestras vidas.

En la mañana, Jesús, con cariño, indicaba un texto sobre la prueba. Inmediatamente, me sentí incómoda y él me cuestionó: "Por qué temes si estás conmigo". Entonces me dijo: "Si ahora las cosas están bien, no significa que debas bajar la guardia en la oración"[182].

Del Salmo 25, para meditar y orar[183]:

Muéstrame tus caminos, Yahvé, enséñame tus sendas. Guíame fielmente, enséñame, pues tú eres el Dios que me salva. En ti espero todo el día, por tu bondad Yahvé. Acuérdate, Yahvé, de tu ternura y de tu amor, que son eternos. De mis faltas juveniles no te acuerdes, acuérdate de mí según tu amor. Bueno y recto es Yahvé: muestra a los pecadores el camino. Conduce rectamente a los humildes y a los pobres enseña el sendero. Amor y verdad son las sendas de Yahvé para quien guarda su alianza y sus preceptos.

La batalla de la mente

Mensaje del Señor en medio de la oración[184].

Estás dispersa, pídeme que te ayude. Tienes mente dispersa, necesitas ponerla en obediencia a mí.

Esta batalla es constante. Debo confesarle que ha mejorado sustancialmente, pero no deja de ser una constante lucha por tener la mente en obediencia a Cristo. Joyce Meyer tiene un interesante libro sobre esto. Se llama La batalla de la mente.

El Señor me regalaba nuevamente de su Palabra: Daniel 3:

24-45, el Cántico de Azarías en el horno.

La justicia de mi Padre es perfecta. Clama justicia y misericordia. Clama ser liberada a través de mi cuerpo llagado. Clama justicia divina, pero misericordia para liberar a aquellos que te han hecho daño. Necesito que pidas misericordia, porque te voy a mostrar algunas cosas que te van a dar mucho dolor. Te necesito libre para los míos.

Por las naciones, porque yo voy contigo, sé cómo te gusta viajar. Yo iré en tu corazón, yo seré quien vaya contigo. Ves que es fácil estar en intimidad. Necesito un poco de ti, lo demás lo hago yo. La vida está hecha de pequeñeces. No cuentes contigo, sino conmigo, y no des un paso sin mí.

Las palabras lo dicen todo. Solo recordarlo me arrebata un profundo suspiro.

Renovad el espíritu de vuestra mente y revestíos del hombre nuevo, creado según Dios en la justicia y santidad de la verdad.

El Señor me pide leer: Mateo 26, que trata sobre su pasión y resurrección.

Aquellos llamados a mostrar el rostro de mi Padre fueron los primeros engañados por el mal. Así debía ser para que Yo pudiera morir por los pecados de la humanidad.

Sellarse diariamente

Sentía opresión en mi corazón y un gran cansancio físico. En medio de mi oración me dijo[185]:

¿Qué ha pasado con la sabiduría que te he dado? Pide mi discernimiento. Calla y observa más.

Ven y deposita en mí tus pensamientos y tus sentimientos. Pide mi discernimiento. Antes de abrazar a alguien, pide que te cubra con mi sangre.

Por lo demás, fortaleceos por medio del Señor, de su fuerza poderosa. Revestíos de las armas de Dios para poder resistir a las acechanzas del diablo. Porque nuestra lucha no va dirigida contra simples seres humanos, sino contra los principados, las potestades, los dominadores de este mundo tenebroso y los espíritus del mal que están en el aire. Por eso, tomad las armas de Dios, para que podáis resistir en el día funesto, y manteneros firmes después de haber vencido todo. Manteneos firmes, ceñida vuestra cintura con la verdad y revestidos de la justicia como coraza, calzados con el celo por el Evangelio de la paz, embrazando siempre el escudo de la fe, para que podáis apagar con él todos los encendidos dardos del maligno. Tomad, también, el yelmo de la salvación y la espada del Espíritu, que es la palabra de Dios (Ef 6: 10-20).

Pide mi sabiduría, que Yo te la daré, pregúntame siempre, pequeña. Es tan fácil. Si tú me preguntaras, si me lo dejaras todo a mí... sufro al ver cómo te envuelve[186], no lo permitas.
El enemigo nos ronda buscando ocasión de lastimarnos.

Sed de espíritu sobrio, estad alerta. Vuestro adversario, el diablo, anda al acecho como león rugiente, buscando a quien devorar (1 Pe 5: 8).

Luego me mostraba el capítulo 37 del libro de La imitación de Cristo:

Sé te dará mayor gracia tan pronto como renuncias a ti mismo irrevocablemente. ¿Cómo podrás consagrarte a mí, sin renunciar a tu voluntad, así en las cosas exteriores como en las interiores? Te lo he dicho muchas veces y te lo repito ahora. Despréndete de ti misma, renuncia a ti misma y goza profundamente de mi paz interior. Dalo todo por El todo, nada pidas, nada recobres. Tendrás el corazón libre y no te envolverán las tinieblas.

Me reafirmaba ese mensaje a través de Él y yo[187]:

Haz el hábito de estar en mí, que siempre estoy en ti... Hacer todo el bien posible por amor a él, que el amor sea todo para ti.

Háblame todo el tiempo, tenme en tus pensamientos, que si yo estoy presente el enemigo no puede entrar. Que te baste mi compañía.

Qué complejo es dejarse guiar. Nuestra tendencia humana es a hacer nuestra voluntad, a no ser dóciles. Se requiere la gracia de Dios para poder creer con amor ciego en su Palabra. Podemos tener una vida muy diferente y de bendición, en la medida en que seamos dóciles a su voluntad.

Mensaje del Señor en medio de la oración[188].

Siempre consúltame, es tan fácil caer en la fosa.

La Palabra de Dios dice que él es lámpara que alumbra nuestro camino[189]; de verdad que caminar sin él es ir a tientas en medio de la oscuridad.

Sobre la oración de Lorica

Haciendo la oración de protección de Lorica de San Patricio, me dice el Señor:

Mis hijos desconocen el poder de las palabras. Cuán diferente es el día cuando invocas mi protección, mi sangre; afuera persiste la maldad. Pero Yo cumplo mi promesa -enviará a sus ángeles para que te guarden en todos tus caminos[190]. Yo protejo, pero es su decisión pedir mi presencia. Tienen libre albedrío y pueden caminar conmigo o sin mí. Es tan poco lo que necesitan para recibir de mí, el enemigo les impide ver la verdad del evangelio, que es revelada al sencillo y humilde que tiene hambre y sed de su Señor[191].

XXIV SOBRE LOS VERDADEROS TESOROS

El Señor nos invita a no acumular baratijas en el corazón, a llenarnos de idealizaciones y falsos tesoros. Adicionalmente recuerda que los verdaderos tesoros no tienen valor comercial, son las buenas obras, las hechas con amor. Para esto, me indicaba leer a Zacarías 9, 1-8.

Mensaje del Señor en medio de la oración[192].

¿Cuáles son tus siembras, pequeña? Siembra y siembra para que coseches en medida abundante.

Mensaje del Señor en medio de la oración[193].

Quiero que leas Isaías, sé que tu tiempo es corto, pero si me lo pides yo te ayudaré.

Me decía que no quería que me sintiera mal cuando no hiciera todas las oraciones (pensaba erradamente que se necesita una lista de oraciones que "cumplir"), que era más importante mi pensamiento en él.

Quiero que lleves poco a poco a otros al conocimiento del bien y del mal. Serás tú mi medio para que otros comprendan y salgan de la oscuridad a la luz. Están muertos, muchos de mis hijos están muertos.

Si recuerda, al principio del libro le hablaba de la muerte espiritual.

Sobre el propósito en la vida, los tesoros de tus talentos al servicio

Los puntos empiezan a conectarse. Mucho de lo que describo acá y en los párrafos siguientes, en el 2016 ya era cierto. Dios no se equivoca y sus palabras no pasan.

Estando en el Santísimo[194], decía Señor:

Ora por mis hijos, ayúdame a rescatarlos. Yo te he puesto ahí para que seas luz del mundo; te estoy llenando de mi amor para que seas amor.

Me regalaba este texto del libro de Jn, 5:10 "Quien me honra, honra a mi Padre".

Pequeña, te necesito más orante, para derramar mi gracia, porque es mucha la mies. Tú eres mi obrera. Mis jóvenes[195], ayúdame a rescatarlos. Irás por las naciones. Pronto debes pedir visa[196]. Quiero que prepares charlas de mí, como preparas tus clases. Yo te daré los temas: la castidad, el plan de Dios, el propósito de Dios para la vida, el enemigo. Mira tu rostro cómo se ha transformado para mí, y cada vez más, porque te doy mi luz.

El Señor me regaló una visión en la que me encontraba con una persona muy querida para mí, en un auditorio; yo pensé y de qué voy a hablarles a esas personas, y él me respondió:
De lo que ponga en tu corazón.

De Él y yo[197]: "Quiero estar siempre en ti, como quiero que estés en mí… Cree, hija, que soy feliz de pasar una hora contigo" (más o menos lo que llevaba en el Santísimo, lo cual me dejó sin palabras).

Mensaje del Señor en medio de la oración[198].

Ve a los otros, ve sus rostros, sus búsquedas[199]. Decídete a confiar en mí en toda circunstancia.

Yo le decía, Señor hagámoslo juntos. Y él me respondía:

Estaba esperando que me llamaras" ¿Cómo crecer para ti?

Analízate, evalúate, mídete en tu día a día. Tu día a día constituye tu futuro. ¿Qué hacer y qué dejar de hacer, qué promesas te has incumplido a ti misma, a los otros, qué pasó con tus anhelos y tus retos personales?

Ve a mi Palabra. Y me señaló Isaías 57: 1. Leí todo el capítulo 57 y 58: el ayuno agradable a Dios. Y luego me dijo, ve a Isaías 60.

Estas llamadas a servir a ser luz para el mundo. Tu misión no es pequeña; por eso mucho te exigiré.
Mensaje del Señor en medio de la oración[200]:

Me vi como el hijo pródigo regresando a casa. En el sendero, mi Señor me encontraba. Yo caía de rodillas. Él limpiaba mi ser, luego mis ojos y mis oídos. Ponía su mano en mi corazón, me daba la Palabra (que guardaba en la mochila), me mostraba a lo lejos una multitud: aquellos que esperan mi ayuda y confiarán en su mensaje a través de mí. Yo le decía: Señor, dame palabra y conocimiento, instrúyeme en la noche y muéstrame la verdad cuando lea la Palabra, para ser fiel a tus preceptos y propósitos. Y me respondió:

Muchos combates serán directos con el enemigo. En ocasiones serás herida, pero mis santos ángeles cuidarán de ti y no serás vencida.

Mensaje del Señor en medio de la oración[201].

Sobre la pregunta de cuál es el propósito para vivir, durante la Travesía de Javier[202] yo sentí que era: "Buscar el reino de Dios y guiar y acompañar a otros a caminar con él, hacia la patria celestial". Y él me respondió: Hijo de hombre, te daré palabra para hablar a las naciones. Este texto hace parte del libro de Ezequiel, cuando Yahvé le da su misión. Me lo había dado en diferentes momentos, varios años atrás.

Mensaje del Señor en medio de la oración[203].

 Cuídate, cuídate. Me urge, me urge que escuches porque yo quiero ser tu Maestro. Solo una cosa te pido. Solo una cosa te pido.

XXV - SOBRE LOS PROCESOS DE SANACIÓN PERSONAL

Frente al Santísimo, meditaba sobre la pasión del Señor. Sentía mucho dolor y lloraba por las tantas veces que lo he defraudado. El Señor me regalaba de su Palabra el Salmo 38: súplica en la desgracia.

Cuánto tiempo he esperado estas lágrimas tuyas de contrición, las recibo con amor.

Depositar todo en el Santísimo es una de las experiencias más sanadoras y liberadoras que hay. Querido lector: si no ha tenido la experiencia, le recomiendo que la viva. En algunas parroquias hay oratorios con exposición del Santísimo las 24 horas del día.

El Espíritu Santo lo recibe, quien es obediente.

Este tema es importante. La obediencia trae consecuencias y la desobediencia también. Ser dócil al Espíritu Santo trae mucha bendición. Lo contrario es necedad y bastante hay de sus efectos en el libro de los Proverbios (le recomiendo leerlo).

¿Qué necesito para dejarme transformar por ti?

Y me responde: Anhelo de Dios, obediencia y oración.

Y me regala De Jesús, con cariño[204]: "De gracia recibiste, dad de gracia, recuerda lo generoso que he sido contigo. Sé un recipiente que derrame su contenido".

Veía cómo me sanaban y me daban unas llaves de Perdón[205] (en el mundo espiritual las cosas, como yo las he vivido, se representan, y cuando hablo de llaves me refiero a que recibí unas llaves, antiguas y doradas, que en mi ser interior sabio representan perdón), necesidad inmensa de todos los hijos de Dios, porque, conscientemente o no, nos han hecho daño y a la vez hemos hecho daño.

Te necesito sana, eres un instrumento hermoso, levanta a tus hijos con todo el amor que te faltó.

Aquí debo hacer una claridad para comprensión de este punto. Por circunstancias de la vida nunca viví con mis padres. Fui criada por unos parientes cercanos que me prodigaron todos los cuidados y el amor posible. Los amo profundamente y mi gratitud es eterna para con ellos. Sin embargo, el amor de padre y madre no lo recibí, y esto dejó en mí heridas muy profundas, que solo el Señor, muchos años después, a partir de mi conversión, vino a sanar.

Es importante que le mencione cuán necesario es ser conscientes de nuestras heridas de infancia, de cuán necesario es buscar acompañamiento espiritual e, incluso, en algunos casos, ayuda profesional (terapia). Y, por supuesto, la gracia misma de la sanidad que viene directamente de Dios.

Pues, queramos o no, nuestras heridas nos llevan a cometer muchos errores en la vida. Tristemente nos llevan a hacer mucho daño a otros y a nosotros mismos. Solo cuando nuestro corazón ha sido sanado y, aunque le suene muy radical (así lo viví y lo veo todo el tiempo en las personas que acompaño), puedo amar y ser amado a plenitud.

Nuestras heridas, si no tomamos conciencia, hacen que repitamos justamente aquellos comportamientos que tanto criticamos.

Sobre el bien para los demás de que yo este sano

Mensaje del Señor en medio de la oración[206].

Venía escuchando en el carro "Al Taller del maestro"[207]. Lloraba profundamente, y me dijo:
Necesito sanar tus heridas para sanar las heridas de mis hijos.

Yo le respondía con total entrega: Señor te entrego las cargas recibidas y mis propias cargas.
Es tan maravilloso ver a un hijo de Dios restaurado, sanado por el amor de Dios. De él emana una nueva vida y todos a su alrededor se ven beneficiados. La obra de Dios te traspasa y alcanza a muchos otros. Ser sanados por Dios les da gozo también a quienes nos rodean.

XXVI - SOBRE LA VOLUNTAD DE DIOS

En medio de mi oración personal[208] me regala de Jesús con cariño[209]: "Todo debe dirigirse a Dios como fin último"[210], y me explicaba el Señor:

Hija, todo viene de mi Padre y todo vuelve a él. Si mis hijos entendieran el poder y la gracia de encomendarlo todo a mi Padre. Su voluntad (suspira) siempre es buena, agradable y perfecta. Preguntando, siempre obedeciendo, encontrarás la fuente de felicidad. Tu Padre del cielo siempre querrá lo bueno para ti. Eso nunca lo dudes.

Sobre la voluntad de Dios, es probable que le suceda lo que me sucedía a mí. Y es que cuando menos la cuestionaba o, aunque la supiera, me daba mis mañas para no cumplirla. Con el tiempo, y no en todos los casos, sin tener que pagar un precio, comprendí que realmente, como buen Padre, Él sabe qué es lo que me conviene y qué realmente me dará felicidad. Seguir su voluntad incluso en contra a veces de la tradición, la norma o el qué dirán. Esto es definitivamente el camino cierto para la felicidad y, además, para a la Patria Eterna. Hacer la voluntad del Padre siempre te trae paz y una total certeza interior.

Luego me enseñó algo que me sorprendió, pues lo he escuchado muchas veces. No pensé tuviera tanta trascendencia:

Aprende a cerrar la boca frente a tus deseos. Entrégaselos a mi

Padre que, si te conviene, él te los concederá[211]. Tus sueños y muchas cosas. Pide que tus sueños estén alineados con los sueños de mi Padre para ti.

Yo le pedía entonces: Sé tú en mis sueños, sueña en mí, ora en mí, alaba en mí, sonríe conmigo, mira por mí y a través de mí. Y me dijo:

Doblega tu nada a su majestad. Ahí está la fuente de la felicidad. Entrégale todo a mi Padre: tus sueños, tus debilidades, tus anhelos, tus potencias, tus cualidades, los que te aman, a los que tú amas. Sé cómo una niña muy pequeña en brazos de un Padre dulce. No des un paso sin la Trinidad. Todos juntos, amada mía[212].

La Madre del Señor es el mejor ejemplo del Fiat divino, de vivir en la eterna voluntad de Dios como la única forma certera de caminar en este mundo. Sobre esto es interesante leer a Luisa Picareta, llamada la Pequeña Hija de la Divina Voluntad (1865-1947). Esta santa mística escribió más de 2.000 capítulos, recogidos en treinta y seis volúmenes, sin contar cientos de cartas, en Las horas de la pasión de Nuestro Señor Jesucristo, y La virgen María en El Reino de la Divina Voluntad.

Yo le preguntaba sobre su regreso. Y me dijo:

Es en esta generación. Por eso mi afán de que me conozcan y se conviertan. No dejes de hablar de mí, aunque te señalen, aunque te critiquen, aunque seas incluso signo de contradicción. Hazlo todo con amor, mostrando el Dios amor que soy, no el Dios temor que imaginan o creen que soy[213].

Pedid el reino de Dios y su justicia, pedid mi sabiduría, que se recibe a través del Espíritu de Dios. ¿Quién temerá si la sabiduría que se sienta en mi trono lo acompaña? ¿Cómo no ser virtuoso, si soy yo la lámpara en medio de las tinieblas? ¿Quién tropezará si la luz del Señor lo guía? Pedidme recibir la sabiduría en todos los caminos. Quiero hacerte muy sabia, te necesito[214].

Leía alguna de mis notas (este libro es posible, porque acostumbro a escribir lo que él me dice. Tengo varios cuadernos desde 1995. En ellos tengo anotaciones y mensajes. También visiones)[215].

¿Por qué olvidas mis promesas? ¿Por qué olvidas lo que te he dado? Las llaves que tienes[216]. Mujer de poca fe. Más intimidad, os pido más intimidad.

En otro momento le decía que a veces sentía que no merecía tener respuestas y que le fallaba mucho[217], que por eso él callaba.

No siempre puedes conocer todas las respuestas. Algunas porque no es prudente; otras, porque no las entendería. Pero no se trata de merecimiento.

Y me dijo:

Lee Romanos 8: 35-39. Se trata de la misericordia y el plan de Dios para cada persona.

"¿Quién nos separará del amor de Cristo? ¿La tribulación? ¿La angustia? ¿La persecución? ¿El hambre? ¿La desnudez? ¿Los peligros? ¿La espada? Como dice la Escritura: por ti nos matan cada día, nos tratan como a ovejas de matadero. Pero de todo esto salimos más que vencedores gracias a aquel que nos amó. Pues estoy seguro de que ni la muerte ni la vida, ni los ángeles ni los principados, ni lo presente ni lo futuro, ni las potestades, ni la altura ni la profundidad, ni cualquier otra criatura podrá separarnos del amor de Dios manifestado en Cristo Jesús Señor nuestro".

Por eso debes tener la certeza de que yo estoy ahí, que estoy en el lugar Santísimo, hija de mi alma. El enemigo te ronda y te confunde, no lo permitas. Es por fe. Cree que estoy en el lugar Santo, porque así es.

Mensaje del Señor en medio de la oración[218].

A través de su palabra, el Señor me mostraba este texto: Siracida 36, Oración por la salvación de Israel[219].

Siempre clama misericordia a mi Padre. El temor de Dios es un don[220]. Si las personas lo tuvieran no cometerían tantos errores. En manos de Dios está la vida y la libertad contra el opresor. Entrégale a mi Padre la querella del opresor contra ti. Clama las promesas de mi Padre, pide que se reúna su pueblo y reciban la herencia prometida los hijos de Israel. Todo se confía a mi Padre, nada fuera de Él: la vida, la bendición, el favor. Pídele siempre a través de mí, de mis llagas, de mi cruz, de mi rostro.

Te amo.

La majestad de Yahvé no la podemos tan siquiera imaginar. Debemos pedir la gracia del don del temor de Dios, reconocer la omnipotencia de Dios y su poderío en el reino visible e invisible.

Le preguntaba ¿cómo entrar en intimidad?[221]

Apaga tu mente y abre tu corazón. No digas nada. Ve mi rostro, sentirás que tu corazón te dice que soy Yo.

En medio de la oración, me regalaba[222]: Lucas 6: 27-38 y Colosenses 3: 12-17.

Lazo de amor, lazo de la perfección, todo lo que hagas y digas hacerlo en el nombre de Jesús.

Sed misericordiosa como mi Padre es misericordioso. Poco a poco se irán aligerando las cargas. Esto será un gran paso. Mi amada, cuanto amor hay entre los dos cuando estamos en intimidad.

Grandes propósitos tengo para ti y grandes propósitos haré. Yo puedo llenar tus vacíos y las carencias que guardas en lo más profundo de tu alma. Yo lo puedo llenar plenamente. Yo mismo te presento al Padre hoy y le pido que me una a ti.

Un instrumento vi como si hubiera sido arrebatada y puesta frente al trono de Dios. Lo que sentí fue indescriptible.

XXVII - SOBRE LA ORACIÓN DE INTERCESIÓN

Mensaje del Señor, en medio de la oración[223]:

Orábamos por una amiga, para que no cayera en tentación. Y decía el Señor:

Siempre es necesaria la oración para que no os creáis santos. Comprende que hay gran valor en orar.

Es muy importante hacerlo para nosotros mismos y en comunidad. El enemigo está presto a la oportunidad para que caigamos en tentación.

Yo le pedía pies de sierva para ir al lugar Santo. Sentía mi corazón estremecido por su presencia.

Siempre tus oraciones son escuchadas. Te necesito firme en la mañana en la oración.

En medio de esa oración veía a un anciano, sacerdote. En ese momento no comprendí a qué hacía referencia esta visión. Esta se cumplió algunos años después, cuando tuve la oportunidad de recibir una especial bendición de un sacerdote anacoreta, muy ungido y lleno de la presencia de Dios.

En esa ocasión, de manera especial, sucedió lo que a continuación le voy a relatar:

Estaba en el aeropuerto para ir a Bogotá, por un asunto laboral. En la sala de espera del aeropuerto, noté la presencia de un hombre especial. Se trataba de un anciano de barba blanca y profundos ojos azules. Estaba vestido como un monje, tenía un crucifijo en una mano y un rosario en la otra. Por donde pasaba, iba bendiciendo a todos y a todo.

Yo sentí algo especial. Y sabía que, como fuera, debía acercarme a pedirle que me bendijera.

Lamentablemente no logré hacerlo. Ya en el vuelo me di cuenta de que el sacerdote estaba unas diez sillas adelante de mí. Y, para mi sorpresa, estaba con una amiga de oración que conocía de años atrás. Era mi oportunidad. Apenas empezamos a descender del vuelo me fui corriendo a alcanzarla, la salude y le dije: mira, por favor ayúdame. Necesito que ese hombre me bendiga (en ese momento yo misma no comprendía mi insistencia). Ella, muy querida, me dijo:

Claro, es el padre anacoreta, es un ermitaño. Yo le digo que te dé una bendición.

Él iba unos pasos más adelante, con unas hermanas que lo acompañaban. Ella le habló de mí y, una vez él asintió, me hizo la seña para acercarme. Él era más alto que yo. Posó sus ojos azules en mis ojos y sentí que la mirada misma de Dios atravesaba mi alma. No me dijo nada. Solo me bendijo con su crucifijo y se despidió. Aquella bendición fue tan poderosa y maravillosa que literalmente me mareé. Tuve que buscar dónde sentarme por un momento, para que me pasara aquello que experimenté.

Cuando ya me sentí mejor, llamé a una muy querida amiga y hermana de oración a contarle lo que me había sucedido. El Espíritu de Dios le mostró que esa bendición me había liberado un espíritu de muerte que me rondaba, que Dios Padre había dispuesto ese encuentro para mi protección y auxilio, reafirmando sus promesas de siempre y confirmando aquella visión de años atrás en el Santísimo.

Conocerás personas que no te imaginas y harás cosas que no imaginas, irás por las naciones. Eres mi elegida y en ti me complazco.

Sigo sorprendiéndome sobre esto, pues es lo que de una u otra manera se ha venido dando en mi vida.

Mensaje del Señor en medio de la oración[224].

Frente al Santísimo oraba por una amiga muy querida para mí. Sentía su opresión, su dolor, le decía al Señor que no era nadie para pedirle por sus hijos... y él, a través de Él y yo, me responde[225]:

Apóyate más en mi generosidad para contigo y para quienes tú me encomiendas.

Ratificando la importancia de la oración de intercesión y lo grata que es para el cielo esa petición entre hermanos, hecha con amor.

Mensaje del Señor en medio de la oración del 21 de agosto de 2013:

Textos de referencia: Salmo 71 y Ezequiel 38: 10-23 y 39.

Nunca desestimes el poder de la intercesión y de la protección de mi Madre. Donde se ora el Santo Rosario su presencia es muy fuerte.

Le hablaba de lo distraída que soy, que sabía que había mejorado un poco, pero aún divagaba mucho. Y él a su vez me hablaba de la imperiosa necesidad de vivir los tres, de hacer equipo con su Santa Madre, así siempre iba en certeza y firme, sin dudas, caminando por donde él quería y decía que "así podía verlo en todo lo vivo, porque en todo estaba su Santo Ser, su semejanza vital, su ADN".

A través de Él y yo[226]: "Adquiere ese hábito, esposa mía, que tan fácilmente te distraes" y "Quiero hacerte crecer en mí, déjate crecer"[227].

Que todo esto sea una alabanza al amor misericordioso de mi Padre. Quiero que la ternura que hay en ti se disperse por todas partes, que tu dulzura te identifique.

Esto no lo comprendía muy bien. Con el tiempo, he ido retándome a descubrir mi propia dulzura y a romper mi falsa creencia de la falta de ella.

El Señor me regalaba en su palabra[228]: Mateo 21:23, y me decía: Debes tener sabiduría para responder, siempre pregúntame. En mi trabajo debo tomar decisiones todo el tiempo. O me piden guía y consejo. Son necesarias la sabiduría y la comprensión de su voluntad.

En el Santísimo oraba con mis amigas. Y a través de una de ellas, que es instrumento de él, nos pedía más intimidad. Y decía:

Que los pensamientos, los gestos, las palabras, los actos debían ser guiados por el Espíritu Santo. Cuán pequeñas como son, cómo buscan refugiarse y cuánto amo acogerlas en mis brazos amorosos. Soy esposo hasta el fin.

Nos invitaba a que cada cosa la pidiéramos en su presencia. Nos advertía que había mucho peligro, que el enemigo asechaba a sus hijos que son instrumentos de bendición para los demás.

Cuánto gozo con vuestra presencia. Siempre quiero que me ayuden a pedir misericordia al Padre. No quiero oraciones agitadas, no necesariamente de libros, quiero la oración profunda, la oración de corazón. Oren por Europa, vienen guerras, accidentes de aviones[229].

Nos pide que no desconfiemos de él, que somos nosotros los que en ocasiones damos espacios a muchas cosas.

No todo es juego, hay que tener mucha prudencia al actuar y al hablar. Las amo y las extraño. En un minuto que no están conmigo, las extraño como si fueran mil horas. Por eso sufro cuando nos falta intimidad. Es necesario hacer todo con mucho amor y mucha paciencia.

El Rey de Reyes y Señor de Señores nos ama tan profundamente a cada uno de nosotros. Y de manera particular y especial nuestra ausencia le causa dolor. El amor de Dios no cabe en nuestra mente, el amor de Dios supera toda racionalización.

XXVIII - SU INFINITO AMOR

Pasaba por una situación difícil y en medio de mi llanto me decía[230]:

Tu dolor es mi dolor, tus lágrimas son mis lágrimas. Solo quiero darte alegría, entreguémonos, postrémonos ante mi Padre celestial. Él lo hará todo. Antes de hablar conmigo, que mi madre, San José y los ángeles te introduzcan.

Esta fue una hermosa lección de los cómo penetrar en las profundidades del corazón para la comunión. La Madre de Dios, como buena intercesora, nos lleva a encontrarnos con el Señor en lo profundo del corazón. Debemos pedirle que nos ayude. En mi experiencia he podido comprender que el camino es más fácil a través de ella.

Reflexionaba sobre mis fallas, mi debilidad, mis errores, y le pedía perdón al Padre Celestial[231]. Antes de pedir Palabra, pensé: "Señor, tú nunca desprecias un corazón contrito y humillado". Y, como un rayo, penetró mi corazón su respuesta a través de la Palabra. Fue Isaías 54: "El amor eterno de Yahveh hacia Israel. Regocíjate, oh estéril, la que no daba a luz; levanta canción y da voces de júbilo, la que nunca estuvo de parto; porque más son los hijos de la desamparada que los de la casada, ha dicho Yahvé".

Pedí que siempre estuviera en mi pensamiento con su mirada

de amor, guiándome, que él sabía cuánto lo amaba, pero que me perdonara por no tenerlo siempre en mi pensamiento[232].

Pedía amor de su amor para dar. Agradecía el amor sincero de unas amigas muy queridas por mí[233]. Y me dice a través de Él y yo[234]: "Cuando tú te das a los otros, ten el pensamiento de tu gran amigo; inventa algunas maneras de dar gusto sin retorno de ti misma".

Me complementaba diciéndome:

Pídeme el amor. Yo soy el que lo poseo y lo doy a quien yo quiero, pero hay que pedirlo, hay que tomarlo. ¿Quieres? El amor que pongo en tu corazón dalo sin medida, no lo centres en una sola persona, tanto esperan de ti… de mí.

Esto es un reto para mí. Debo confesarle que incluso me ha generado inconvenientes. En mi humanidad no puedo evitar hacer afinidad más con unas personas que con otras. Y esto no siempre es bien comprendido. Me invitó a leer estas palabras: Cómo obtener la paz y la manera de progresar, Isaías 45: 10.

Que cada uno demuestre con su buena conducta la amabilidad de su sabiduría" (Santiago 3: 13).

Quien descuida las cosas pequeñas, poco a poco caerá.

Mensaje del Señor en medio de la oración[235].

Yo le decía que lo amaba, y él me respondió:

Yo a ti, complácete que un Dios te amé como yo lo hago.

Señor, no merezco.

Es mi decisión. Di mi vida por ti.

Revístete de mí, de mi amor, de mi dulzura, todas las mañanas… hazlo[236].

Yo le hablaba en medio de mis agites[237].

Estás dispersa, siempre susurro a tu oído.

Sí, mi Señor. ¡Háblame!

Y me confirmaba sus palabras a través del evangelio de Juan 17: 18-26.

A través de un instrumento maravilloso[238], el Padre Celestial nos dirigió su palabra. Estos son apartes de ese mensaje:

Nos pedía humildad. Y que debemos todas las noches mirarnos a nosotros mismos y evaluarnos, hacer el ejercicio cada noche para ver nuestros errores y evitar estar viendo los errores de los demás, cosa que no nos compete. Una insistencia ya mencionada con la oración de la memoria del Papa Francisco.

Nos enseñaba que la verdadera humildad es compasiva. Hablar cuándo debe hablar y callar cuando debe callar. Nuestras palabras deben de ser de bendición, así dejamos de herir al otro. Debemos evaluar en la noche si lo ofrecido en la mañana se cumplió. Iniciar el día debería ser un acto de entrega al Señor.

El Padre nuestro es una oración completa. Él no requiere oraciones repetitivas. Cuando hablamos y no estamos claros cometemos tropiezos con los que podemos arruinar la vida. Nos hacía una invitación a discernir siempre. Nos habló sobre la soberbia en el hablar, en la mirada, en el caminar. No lo notamos porque no somos conscientes de lo que hay en nuestro corazón.

Viene a bien citar un aparte de este Salmo:

Tú me escrutas, Yahvé, y me conoces; sabes cuándo me siento y me levanto, mi pensamiento percibes desde lejos; de camino o acostado, tú lo adviertes, familiares te son todas mis sendas. Aún no llega la palabra a mi lengua, y tú, Yahvé, la conoces por entero; me rodeas por detrás y por delante, tienes puesta tu mano sobre mí. Maravilla de ciencia que me supera, tan alta que no puedo alcanzarla… Que mi camino no acabe mal, guíame por el camino eterno (Sal 139).

El Padre Celestial nos indicó leer el Salmo 97:

¡Reina Yahvé! ¡Exulte la tierra, se alegren las islas numerosas! Porque tú eres Yahvé, Altísimo sobre toda la tierra, por encima de todos los dioses. Yahvé ama al que odia el mal, preserva la vida de sus fieles, los libra de la mano del malvado. La luz despunta para el justo, el gozo para los rectos de corazón. Justos, alegraos en Yahvé, celebrad su memoria sagrada.

Al día siguiente, en la eucaristía, el sacerdote nos reforzó todo lo que el Padre Celestial nos había dicho el día anterior. La homilía hablaba sobre el orgullo[239] y la equivocación al creernos santos[240].

XXIX - AMAR A DIOS Y A LOS OTROS

En medio de mi alabanza le decía: cómo no amarte, con esa voz que es manantial, cómo no amar tu amor para amarte, el mío es tan imperfecto[241].

Es imperfecto, porque es humano, pero me deleita. Si tanto te he dado es también para los otros. Ponte en la disposición de comunicar con amor cuanto has recibido. Es algo que me debes y se lo debes a ellos. Ve, pues, a todos sin distinción de personas. Lo harás por mí, date toda.

Llega hasta el extremo en materia de amabilidad. Sé siempre igual en bondad como yo, que soy inmutable. Ensancha tu sonrisa. Cuento contigo, hija querida. Te espero y desde ahora te doy las gracias necesarias, las que yo deseo que emplees, a fin de que encontrándote a ti me encuentren a mí.

Te das cuenta de cuánto poder te doy. No desperdicies las oportunidades de hacer bien. A veces, solo basta que me los entregues: un justo pidiendo por un pecador no es desatendido por mi corazón amante.

Mira con bondad, dispuesta a servirme, muriendo a ti, a tus paradigmas, a tus pretensiones, a ti misma. Muere por mí en el otro. No dejes de ser dulce, no guardes los motivos para amar, de cuidar, de aconsejar, de consentir. Ama hasta la locura, hasta el extremo. Necesito tus manos, tus ojos, toda tú, para extender mi amor. Te necesito, amada mía. Mira con mis ojos, no opines, no critiques, entrégame los jóvenes, ora por ellos (me ponía en la mente tantos jóvenes que atiendo, que veo pasar: sé que atraviesan dificultades).

Tú que has sido colmada. Cuánta falta de amor. Amar, amar, amar, que emane de ti una fuerza inagotable, que transforme, ayúdame a transformar. Aun no eres consciente de quién eres. Tú has sido colmada.

Y me confirma todo esto con el Salmo 107: "Dad gracias a Yahvé por su amor, por sus prodigios en favor de los hombres" ¿Quién es sabio? Que guarde estas cosas y medite en el amor de Yahvé. Él es un Dios de certezas. Entonces, en medio de la oración dice, además, lee Isaías 60:

Álzate, brilla, que llega tu luz[242].

Suspiré. Y él me dijo: eres luz, la tristeza te opaca. Viniste a dar, déjate amar y llenar de mí, para amar. Y me recordó que tengo el privilegio de amar. Yo le dije que a veces causa dolor. Y él me dice: Dímelo a mí.

Ahí yo me desmoroné. Entonces, me dice:

Ven a mi pecho, dame esas lágrimas, dame ese dolor, dámelo todo, entrégamelo[243].

Su fidelidad

"Que nada te distraiga hasta el día de nuestro encuentro, el día de la boda"[244]

Mis promesas de amor para ti. Es tan poco lo que te pido.

Sus palabras me dejan sin aliento y me arrebatan suspiros. Definitivamente, ¡el Espíritu Santo es mi ayuda! ¡No debo olvidarlo nunca!

XXX - VIVIR MÁS EN CONSCIENCIA Y PRESENTES

Mensaje del Señor en medio de la oración[245].

Leía el Salmo 98, y me dice el Señor:

Cuando hablo de justicia, no vuelvas a una imagen errada de mi padre. La Santidad no es perfección en sí misma, es el anhelo consciente de búsqueda de la voluntad de mi Padre.

Recomienda leer Lucas 11: 29-32.

La ceguera del hombre, la ceguera del hombre que no pudo ver al propio Dios encarnado anunciándoles la salvación. Por eso, mi expresión de generación perversa. Los velos que tiende el enemigo los hacer más ciegos que el mismo ciego de Jericó. Hay que pedirle al padre: Padre, que yo vea. Porque la verdad está en el evangelio. El reino de Dios habita en cada uno de ustedes, pero están con vendas negras y llenas de lodo asquiento que les impide ver.

Sobre el Salmo 19 nos muestra cómo debemos pedirle al Señor que nos libre de las faltas ocultas.

A veces se quedan en ritos y costumbres y no ven en lo profundo qué realmente desagrada al Señor. La injusticia, el desamor. Por eso es tan importante el examen de conciencia o de la memoria, para que día a día puedan ir revisando frente al compromiso con el Padre qué ha pasado, para que siempre estén en oración que sea guiada por el Espíritu Santo para ver lo oculto. Esto es lo importante, medita en el día estas palabras.

Oración de la memoria[246] (pausa Ignaciana)

La pausa Ignaciana es aconsejada por San Ignacio. Debe hacerse al menos una vez al día (en las noches, generalmente). Es un breve recorrido de nuestro día (un recorrido de memoria), de cómo fueron nuestras "intenciones, acciones y operaciones", y si estaban acordes a los deseos de nuestro corazón. Es una pausa para meditar en nosotros y nuestro actuar con relación a los demás. Dicho, en otros términos, la pausa nos saca del modo automático de vida, para vivir más en conciencia.

Decía el Señor[247]:

Siempre evaluar qué hicimos en el día, qué dijimos. Cuando no lo hacemos caemos en el error de pensar que somos santos.

Nos recordó que él es un Dios de pactos y de promesas, lo que se le promete se debe cumplir. No debemos hablar de justicia, porque él es el único que puede hablar de justicia. Nos enfatizó que Dios solo nos dará aquello que haga que no se pierda nuestra alma y que no debe pasar un día sin que le demos gracias por su misericordia.

Mucho tiempo después comprendí la gran sabiduría que hay en la espiritualidad de los jesuitas. Ellos hacen la pausa ignaciana o la oración de la memoria. Recorren el día antes de que termine, para pedirle perdón a Dios por los errores y entregarle las buenas obras, porque ellas solo deben ser "para la mayor gloria de Dios".

Oración con un instrumento del Señor[248]:

Es necesario conocer la importancia del libro de la Sabiduría y en especial uno de sus capítulos, el número 9, donde el Rey Salomón pidió sabiduría. Necesitamos interiorizar que la palabra tiene poder. Lo que decimos lo recibe el universo como una orden y se "acomoda" para cumplirla. Debemos aprender a ser más silenciosos, a callar más, porque el enemigo, como león rugiente, al acecho, está atento a robarnos la bendición. Debemos pedirle mucho al Espíritu Santo que nos guie en cómo utilizar la boca. Debemos hablar y bendecir, debemos profetizar la bendición. Adicionalmente nos recomendó leer Sabiduría 5: 16.

Veía todos mis libros de oración y me decía que estaba bien, pero que él tenía muchas más cosas para revelarme. Muchas de ellas a través de su Palabra. Me dijo que leyera Sabiduría y Proverbios, que él me instruiría. Entendí finalmente que, por mucho que leamos o estudiemos, solo lo que el Espíritu Santo nos revele nos adentra en los misterios del mundo espiritual[249].

Entra en mis profundidades, para ver lo que ya está hecho. Así declararás hecho y como si fuera lo que aún no es. Profetiza, declara bendición todo el tiempo y en el corazón dime a qué aspiras, cómo lo deseas, muéstrame los anhelos del corazón, como si yo no los conociera. Debes hablar solo de bendición y gracia, represión del mal y de la oscuridad[250].

XXXI - EXPERIENCIAS DEL MÁS ALLÁ

Partida de mi abuela a la patria celestial, 16 de marzo de 2014.

El siguiente relato sucede en las horas previas y en el momento mismo del fallecimiento de mi abuela.

Me llamaron a informarme que mi abuela ya estaba muy mal. Como pude, llegué donde el padre Raúl[251] y me lo llevé, para que le aplicara los santos oleos. Él, con su bondad, sin mediar palabra, se montó al carro. No pude estar presente. Por el ajetreo de parquear, no alcancé a subir a la casa. Debíamos regresar prontamente, pues el padre tenía misa a las 10 (faltaban unos 10 minutos), pero se pudo lograr el regalo del cielo: la gracia de la absolución de un moribundo a través del sacerdote.

Rápidamente lo traje de retorno a la iglesia y regresé a donde mi abuela. Llegamos todos a la casa familiar, incluso mis niños pudieron estar presentes. Fue como una concesión especial que pudiéramos estar ahí. Ya ella en su lecho de muerte pudo despedirse. Yo, estando con ella, escuché claramente al abuelo[252] llamándola: "vieja, vieja". En ese momento supe que mi abuela partía.

En el proceso de traslado a la clínica, la abuela se les estaba quedando en la sala de la casa. El personal paramédico tuvo que ubicarla en el suelo y reanimarla. 20 minutos después de llegar a la clínica del Rosario ella partió. Recién fallecida, pude entrar al cubículo, en urgencias, tomé sus pies ya sin vida y la entregué, una vez más, al Padre Celestial. Luego, le acaricié la cabeza y le dije, no sé por qué, me esperas.

Cuando entré, mi abuela tenía una mano por fuera de la camilla. Yo la tomé y se la puse sobre la camilla. A los pocos minutos, una persona de oración me escribe y me dice: "¿Tu abuela ya partió? Mira que vi cómo tu abuelo vino por ella. Le extendió la mano. Ella se la dio y salieron directo hacia el cielo". (tal como encontré su mano, fuera de la camilla)

Antes de ese domingo yo había estado en la casa familiar, había subido a la terraza para hablar con una de mis primas. Le había contado que el abuelo estaba presente, que el ya venía por la abuela. Por supuesto, ella, conmocionada empezó a llorar. Estábamos conversando, cuando él abuelo me toma[253] y le empieza a decir que el Padre le había concedido el favor de ser él quien viniera por ella, que había sido demasiado tiempo separados, que, aunque ahí, en donde él estaba, todo era felicidad, nunca había dejado de añorarla y extrañarla (esto fue conmovedor para mí, un amor eterno, un amor precioso). Y le decía que él sabía el dolor que esto iba a causarles, pero que ella iba a estar muy bien. Que le pedía a ella que fuera el bastón para sus hermanas, la fortaleza. Le pidió perdón por ponerle ese peso tan grande en la espalda, la abrazó y la bendijo, y regresó a la casa del Padre. A los pocos días, la abuela murió.

Partida de mi papá a la casa del Padre[254]

Hace más de un mes que falleció mi padre. Ese momento, tan temido por todos, se convirtió para él y para mí en la oportunidad de liberarnos. Para él, dejar su cuerpo lacerado por el dolor que produce el cáncer y, para mí, permitir a mi alma, decirle a su espíritu, como tal vez nunca lo había hecho, que lo amaba. Que le agradecía haberme dado la vida y que también lo perdonaba por las veces que no estuvo, por las caricias que no recibí, por los momentos que hubiera querido disfrutar a su lado.

Con todo esto, su muerte y el regalo que me dio Dios de haber estado con él en los últimos momentos me permitió, por gracia y misericordia, comprender el poder del amor y ver la cercanía de la vida eterna en medio de la muerte terrena. Por regalo de Dios, mis ojos espirituales pudieron ver cómo sus padres eran quienes venían a ayudarle a "pasar". Sí, mis abuelos muertos eran quienes lo recibirían para su tránsito a la vida eterna[255].

Lo más maravilloso fue poder "verlo" gracias al amor, la misericordia y el poder de Dios. En ese nivel espiritual, como era antes, un hombre sano y fuerte con su pelo largo, crespo y cenizo. Verlo sano, libre, limpio y maravillosamente vestido de blanco, imagen que contrastaba con su cuerpo cadavérico, inconsciente y lleno de dolor. Pude, en ese momento, por la gracia del amor, comunicarme con él de una manera mágica, mística, diríamos, telepática. Sentir su temor frente a la muerte, y también saber de su amor, ha sido tal vez uno de los mejores momentos vividos con él.

Esta parte del relato no la incluí en el texto original. Por gracia puedo "ver" a mi papá y comunicarme con él. Me dijo: "tango miedo, no he sido una buena persona". Yo le hablaba de la misericordia de Dios y en ese momento pudimos ver cómo se acercaban los abuelos y detrás de ellos la Madre y el Señor. Y él me dice: "son mis padres. Ya me tengo que ir. Dile a (mencionó a su esposa) que no se olvide de la promesa que me hizo". Dado que yo no sabía de qué se trataba le pregunté, y él me explicó. Cuando este momento terminó, yo le di el mensaje y era tal cual mi padre me lo había dicho. Entonces, comprendí la gracia recibida. Mis hermanos y su esposa no pudieron negar lo que había experimentado, y a su vez, comprender que ya su partida estaba cerca.

Más allá de mis ideas sobre el tema, esa experiencia me ayudó a entender que morir en esta vida es pasar a vivir la eternidad. Papá, no solo te liberaste ese día, yo también lo pude hacer a través de ti. Sé que estás maravillosamente bien, en medio del amor que todo lo puede. Sé que desde allá no dejas de darnos tu amor y compañía a mis hermanos y a mí. Sé que el regalo de Dios ese día fue estar tomados de la mano y con el corazón compenetrado. Saber cuánto nos amábamos y decirnos hasta pronto, porque no es más que eso. Ya llegará mi momento de partir, y espero, papi, que tú vengas a ayudarme en ese camino al encuentro con el Padre Celestial.

---

[1] (12 de febrero del 2013) Esto probablemente, le sonará un poco extraño. Más adelante en el relato comprenderá mejor. Me decía el Señor: "Escucha mi palabra" y me indicaba el texto de Isaías 55: "¡Sedientos todos, id por agua; los que no tenéis dinero, venid;

comprad y comed de balde, vino y leche sin pagar! ¿A qué gastar en lo que no alimenta y fatigarse por lo que no sacia? Hacedme caso y comeréis bien, disfrutaréis con algo sustancioso. Escuchadme y acudid a mí; oíd, y vuestra vida prosperará... Además, veía (esto en un sentido espiritual) que firmábamos un documento con mi nombre completo y el de él: Jesús de Nazaret, en ese Mensaje del Señor en medio de la oración, me vi hablando a muchas personas, viajando a diferentes lugares y escribiendo un libro (este que tiene en sus manos).

[2] La visión interior es una gracia que se recibe a través del Espíritu Santo.

[3] La espiritualidad de los Jesuitas es maravillosa. Los Ejercicios Espirituales de San Ignacio son uno de los grandes legados que San Ignacio, fundador de la compañía de Jesús, dejó a la humanidad.

[4] Tenga en cuenta lo siguiente: lo que está en letras cursivas son palabras del Señor Jesús o mensajes directos del cielo. Las citas bíblicas están tomadas de la Biblia la de Jerusalén, 2009, Ed. Desclée de Brower, online.

[5] Tengo varios cuadernos de anotaciones y reflexiones.

[6] Que hoy interpreto como visiones del mundo espiritual.

[7] Escribiendo este párrafo, me encontré este apunte del 7 de abril del 2012 en el que relato que, luego de un sellamiento (es una oración especial de protección), le clamaba a Dios por la humildad que necesito para hacer su obra y servirle como él lo espera. En medio de esa oración me regalaron la visión de verme en una montaña alta, con la Palabra de Dios (una biblia) dentro de una mochila. Yo estaba vestida con una especie de bata (imagino que es un vestido propio del mundo espiritual) con un anillo (recordé la parábola del hijo pródigo) en mi mano y una especie de diadema en mi pelo. Al lado estaba el Señor Jesús y atrás muchas personas. Él me hablaba de "las almas que rescataríamos juntos". Comprende, querido lector, que las visiones del mundo espiritual no son fáciles de explicar en el mundo natural. Tal vez la expresión más correcta de la visión sería: las almas que él rescataría y que yo tendría el privilegio de presenciar.

[8] Como ya le he mencionado, conectando los puntos, todo adquiere sentido.

[9] A mí me preocupaba que cómo yo, que no había estudiado Teología y sin mayor conocimiento, podía escribir sobre él.

[10] De entrada, querido lector, quiero ser muy respetuosa con usted. Hago referencia a un ser supremo, más allá de religiones o tradiciones.

[11] Mociones recibidas del Señor Jesús, mientras hacía los Ejercicios Espirituales de San Ignacio de Loyola.

[12] Tal como antes, Dios tiene sus hijos a su servicio, tiene instrumentos para su obra. Soy carismática y creo firmemente en los dones y carismas del Espíritu Santo. He vivido la experiencia de estar en medio de instrumentos que tienen dones y carismas especiales para el servicio de Dios. De esto pueden encontrar algunas menciones en los *Hechos de los Apóstoles*, el libro del Espíritu Santo.

[13] Sin ser irrespetuosa, pero en lenguaje cercano al suyo, querido lector, cuando hablo de "Ellos", hablo claramente de las tres personas de la Trinidad: Padre, Hijo y Espíritu Santo, y de la Madre de Dios, que juega un papel fundamental en la historia de salvación y en nuestra propia historia.

[14] En la revista Maestro de la Pontificia Universidad Javeriana de Cali se publicó un extracto de este relato, en el 2016.

[15] En el 2013, en medio de los Ejercicios Espirituales de San Ignacio, en Villa Asís, Jamundí, Valle, escribí este relato.

[16] Son variadas las citas bíblicas donde se habla de seres angélicos. El libro de Tobías, por ejemplo.

[17] El don de lenguas, hermoso regalo que Dios hace a través de su Santo Espíritu, en los Hechos de los Apóstoles, el día de Pentecostés.

[18] Tuve la oportunidad de hacer Ejercicios Espirituales cuatro veces, una vez de diez días y las demás de tres días. Estos retiros se hacen en silencio. Solo se habla en dos momentos del día, con el acompañante asignado.

[19] En medio de los Ejercicios Espirituales se hacen contemplaciones, alrededor de la Palabra de Dios. San Ignacio fue un gran místico: "cuando decía misa tenía también muchas visiones y cuando hacía las constituciones de la Compañía de Jesús, las tenía también con mucha frecuencia": Antonio Betancur S.J., *Para seguir el camino del peregrino*, Ediciones Loyola, Asunción, 1976.

[20] Esta expresión es una remembranza de un párrafo del rosario a la sangre de Cristo.

[21] Este mensaje, el Señor me lo regaló en medio de la oración, en octubre del 2013, en los Ejercicios Espirituales de 10 días.

[22] Este libro se empezó a escribir en Spokane WA, USA en el 2014.

[23] Mensaje del Señor recibido el 24 de marzo del 2011, en medio de la oración.

[24] Santa mística de la Iglesia Católica.

[25] Este tipo de anotaciones las encontrará en varios apartes del libro, gradualmente lo comprenderá; los que han sido llamados a una misión con el Señor, son perturbados por el enemigo.

[26] Este don es un don que permite ver el mundo espiritual; es un Don que concede el Espíritu de Dios a quien el considera para el servicio de sus hijos.

[27] En ese momento, era bastante inexperta para manejar en lomas.

[28] Al lado de la carretera la vía tenía un canal bastante profundo, el carro habría quedado atrapado en ese hueco. Hubiera sido un terrible accidente.

[29] Un dato curioso es que esto sucedió en el mismo carro de Tuluá.

[30] Mensaje del Señor en medio de la oración, 18 de octubre del 2014.

[31] Hago referencia a momentos de oración en los que le pido al Señor que revele su voluntad o el mensaje para ese día y se abre la biblia para obtener respuesta.

[32] Mensaje del Señor en medio de la oración, 12 de noviembre del 2013.

[33] Revelaciones de febrero del 2014.

[34] El Señor me hacía ver cuán descuidada en ocasiones he sido en ese tiempo de intimidad que requiero para saber su voluntad, para fortalecer mi espíritu. Aún siento que sigo con el mismo pendiente de más y mejor tiempo de oración.

[35] Esta postura es de gran bendición para la oración. Así oran los judíos, con la frente al piso. Es señal de humillación y reconocimiento de la fragilidad y de la dependencia que tenemos de Dios.

[36] Me quedé en silencio: ¿cómo discutir esa contundencia?

[37] Mensaje del Señor en medio de la oración, 2 de febrero del 2014.

[38] Compréndame que estas son las notas de ese momento, los momentos que más me habían impactado.

[39] Es una gracia del Señor este atributo de esposa, que está descrito en el libro de Oseas.

[40] Mensaje del Señor en medio de la oración, 24 de febrero del 2014.

[41] El libro de Gabriela Bossi contiene alocuciones del Señor Jesús con la autora. Son pequeños textos que pueden leerse sin ningún orden especifico, están numerados y tienen las fecha en las que se dieron las alocuciones. A lo largo de este libro las citaré, haciendo referencia al número del mensaje que me fue regalado en esa ocasión.

[42] Mensaje del Señor en medio de la oración de marzo del 2014.

[43] Mensaje del Señor en medio de la oración de junio del 2014.

[44] Mensaje del Señor en medio de la oración, 18 de julio del 2014.

[45] Mensaje del Señor en medio de la oración del 24 de abril del 2011.

[46] Podía ver una luz que salía de sus manos, como una especie de guante especial. Se sintió indigna de semejante visión.

[47] Lamento mi falta de disciplina, debí haberlo terminado al menos dos años antes. Como verá, hay mensajes desde el 2014.

[48] Esto fue muy real, después en su estadía en Spokane en WA, en el 2014.

[49] Me hacía referencia a la Madre Teresa de Calcuta, cuya misión nació en su ciudad.

[50] Afortunadamente, él no nos ve desde ahí, sino desde el amor compasivo.

[51] Mensaje del Señor en medio de la oración de octubre del 2010.

[52] En estos grupos de oración es frecuente la manifestación de dones y carismas: locución interior, lenguas, visión, sanación y profecía, entre otros.

[53] Te invito a escuchar una hermosa canción que se llama así: "Dios siempre tiene el control", de Samuel Hernández.

[54] Pasó mucho tiempo antes de comprender el camino que Él me invitaba a hacer en la espiritualidad ignaciana y en mi formación como Coach.

[55] Tomado de *Para seguir el Camino del Peregrino*, P. Antonio Betancur S.J.

[56] Master Business Administration – Maestría en Administración de Empresas.

[57] Nombre del cargo en la Javeriana, pero que es el equivalente a una Secretaria Académica.

[58] En la Javeriana, el Medio Universitario es lo que tradicionalmente se conoce como Bienestar Universitario.

[59] Cuando escucho la canción *Levántate amada mía*, de la Hermana Glenda, siento como si fuera para mí y para nadie más en el mundo, no con una postura ególatra o de superioridad, todo lo contrario, es la majestad de sus promesas y la sencillez de su amor, que toca a cada uno de sus hijos de manera especial.

[60] 12 y 17 de marzo del 2011.

[61] Esto está muy claramente escrito en el libro del *Deuteronomio* 30: 19-20.

[62] Tomado del Tema No. 6, Principio y fundamento, de los *Ejercicios Espirituales Ignacianos*, material de apoyo para el diplomado "Gerencia social Ignaciana".

[63] El hombre es criado para alabar, hacer reverencia y servir a Dios nuestro Señor y, mediante esto, salvar su ánima; y las otras cosas sobre la haz de la tierra son criadas para el hombre, y para que le ayuden en la prosecución del fin para que es criado. De donde se sigue, que el hombre tanto ha de usar de ellas, cuanto le ayudan para su fin, y tanto debe quitarse de ellas, cuanto para ello le impiden. Por lo cual es menester hacernos indiferentes a todas las cosas criadas, en todo lo que es concedido a la libertad de nuestro libre albedrío, y no le está prohibido; en tal manera, que no queramos de nuestra parte más salud que enfermedad, riqueza que pobreza, honor que deshonor, vida larga que corta, y por consiguiente en todo lo demás; solamente deseando y eligiendo lo que más nos conduce para el fin que somos criados (*Ejercicios Espirituales*, No. 23).

[64] Por un tiempo importante de mi proceso de conversión hice parte de grupos de oración de católicos carismáticos. En este tipo de grupos son frecuentes las manifestaciones de Dios a través de dones y carismas, como la locución interior, el don de lenguas y la visión espiritual, entre otros.

[65] Mensajes recibidos el 25 de junio del 2012. Como verán, cada párrafo de este relato contiene grandes enseñanzas.

[66] Número 1238.

[67] Mensaje del Señor en medio de la oración, 3 de diciembre del 2011.

[68] Mensaje del Señor en medio de la oración, 8 de diciembre del 2011.

[69] Por la época, y porque algunos de los miembros del grupo saldrían de viaje.

[70] Mensaje del Señor en medio de la oración, 25 de diciembre del 2011.

[71] Este tipo de llanto es muy sanador…

[72] Mensaje del Señor en medio de la oración, 24 de septiembre del 2011.

[73] Mensaje del Señor en medio de la oración, 14 de noviembre de 2012.

[74] Ver Mt 23: 37-39.

[75] En el crecimiento espiritual este punto es fundamental: necesitamos pedir constantemente "ver".

[76] Ver también Salmo 34 y Lucas 17: 7-10.

[77] 4 al 13 de octubre del 2013, Casa Santa María de los Farallones, Cali.

[78] Y para usted, ¿cómo están sus imágenes de lo que es Dios?

[79] Números 1525 y 1526.

[80] Sin negrillas

[81] Esto para mí fue un regalo, sobre todo porque en la primera parte de mi conversión el fanatismo me causó muchas dificultades.

[82] Número 1349.

[83] Este, que hoy es una realidad, y que lamento profundamente no haber tenido la disciplina necesaria para terminarlo antes.

[84] El grupo de oración al que pertenecía.

[85] En una oración un instrumento vio cómo mi poca oración y mi falta de disciplina habían hecho que el Señor me esperara en su jardín y su espera fue más larga de lo que debía ser.

[86] Estaba casada en ese momento.

[87] Le recomiendo una canción de Marcos Witt que se llama así: *Mi primer amor.*

[88] Número 1574.

[89] Con profunda sorpresa, encontré esta descripción en uno de los relatos de María Valtorta.

[90] Este libro es parte de Su clamor.

[91] En medio de esto puedo percibir el momento en que se da la profecía de la traición y de la negación de Pedro.

[92] Los de todos nosotros.

[93] Esto es por su divino querer, pues bien dice que no soy digna.

[94] Esa mirada del Señor lo perdona todo, lo envuelve todo, ¡lo sana todo!

[95] También encontré este texto en un relato de María Valtorta.

[96] El regalo del amor de la madre María, para los hijos de Dios.

[97] "A la mujer le dijo: Tantas haré tus fatigas cuantos sean tus embarazos: con dolor parirás los hijos. Hacia tu marido irá tu apetencia, y él te dominará" (Gén 3: 16).

[98] Vi a la Madre, orando de rodillas, cuando desciende el Espíritu Santo sobre ella.

[99] Por favor lea esto de nuevo, es tan hermoso y a la vez humilde.

[100] Así quiere el Señor que seamos nosotros, dependientes, como niños en sus manos. El Señor me mostró que incluso la familia celestial dependía de la voluntad de Dios. Para

mí, esto fue una sorpresa.

[101] Él, nuestro Dios, experimentó desde antes de nacer temores profundos. Cuánto más nosotros, pobres criaturas.

[102] A través de su Palabra me señalaba: Ezequiel 23 y Mateo 21: 5.

[103] Me sugería leer algunos textos: "Dando siempre gracias por todo, en el nombre de nuestro Señor Jesucristo, a Dios, el Padre" (Ef 5: 20). "Y mi lengua hablará de tu justicia y de tu alabanza todo el día" (Sal 35: 28). "Por nada estéis afanosos; antes bien, en todo, mediante oración y súplica con acción de gracias, sean dadas a conocer vuestras peticiones delante de Dios" (Fil 4: 6).

[104] Qué proceso ha sido este, y aún no termina. De hecho, apenas si comienza. Ser dócil al Señor no es fácil, morir a uno mismo a veces es muy doloroso, pero todo esto es necesario para poder cumplir sus propósitos. Sigo en el camino, me caigo, avanzo, me detengo, pero tengo claro mi destino y todo lo que debo cambiar para poderlo mostrar en mí.

[105] Es más fácil ver la viga en el ojo ajeno.

[106] Esto me ha parecido maravilloso. Luego, cuando me formé como coach, la vida me puso a aprender el concepto del observador que soy, y de las primeras distinciones que debí incorporar fue la de no juzgar: he aprendido lentamente.

[107] Esto hace referencia al concepto de propósito que tanto insisto en mis charlas y clases. No somos equivocación, nacimos porque era necesario. Hay una tarea que nadie puede hacer por nosotros y que alguna o muchas personas están esperando.

[108] Esta es una verdad muy fuerte, que me costó mucho asimilar y que me ha significado, aun hoy, grandes retos personales.

[109] Este concepto, ordenar la vida, es de la espiritualidad Ignaciana.

[110] Estas verdades fueron para mí y son para usted, querido lector.

[111] Mi encuentro con mi ángel encarnado no fue suficiente.

[112] No es una figuración, es lo que sucedía en el mundo espiritual, el lugar donde yo estaba.

[113] Sobre este tema hablan varios místicos de esta era.

[114] Sentí vergüenza de que fuera mi mente egocéntrica. Sin embargo, más allá de eso, si para una sola alma puedo ser luz ya habré logrado parte de este propósito, pues él deja las 99 ovejas por ir a rescatar una. Si con su gracia le llevo un alma, podré saber que mi vida no fue en vano.

[115] Cuando redacté mi Principio y Fundamento la palabra transparentar cobró gran relevancia para mí. Y él me lo recordó.

[116] Lamentablemente, aun lo soy, en algunos aspectos. Este proceso de dejarse moldear por el Maestro ha sido muy retador.

[117] En todo amar y servir, San Ignacio.

[118] Quisiera poder describirle lo que sentía mi corazón en ese momento, pero las palabras se quedan muy cortas.

[119] Revelaciones del 17 de mayo del 2014.

[120] Estaba en oración, vía Skype, con unas amigas muy queridas de Pereira.

[121] Nombró a alguien especial del grupo que estaba empezando su caminar con el Señor.

[122] Esta fue una locución especial, yo podía escucharlos claramente, y dado que estábamos en Skype, de alguna manera especial podía escribir casi que al tiempo de lo que él me iba diciendo.

[123] Nombra por su nombre a una persona del grupo.

[124] Estando allá estuve muy sola. Lo que hizo de la experiencia espiritual un desierto...

[125] Esto me sorprendió y conmovió: él es el Señor de Señores, pero ante su Padre es hijo y obediente al extremo: cuánto que aprender.

[126] Oraciones de protección, porque como dice Efesios 6:10, "la lucha no es contra sangre y carne".

[127] En el libro de Ezequiel se relata la entrega de unos rollos antiguos al profeta.

[128] Mensaje del Señor en medio de la oración, 25 de noviembre del 2013.

[129] Paul Wilbur tiene una hermosa canción que cita este texto.

[130] Números 1808 y 1809.

[131] Mensaje del Señor en medio de la oración, 29 de noviembre del 2013.

[132] Mensaje del Señor en medio de la oración, 19 de noviembre del 2013.

[133] Esta verdad es una promesa.

[134] Esto es maravilloso y muy revelador.

[135] En enero del 2014.

[136] Mensaje del Señor en medio de la oración, 8 de enero del 2014.

[137] 7 de febrero del 2014.

[138] 23 de mayo del 2014, en Spokane, WA.

[139] 29 de mayo del 2014, en Spokane, WA.

[140] Pg. 58.

[141] 6 de junio del 2014, en Spokane, WA.

[142] Leía el salmo 34, que contiene un hermoso mensaje.

[143] 6 de julio del 2014.

[144] 2 Cor 10: 3-5.

[145] 14 de julio del 2014.

[146] 17 de julio del 2014.

[147] Número 1436.

[148] Y ha sido literal.

[149] 14 de enero del 2015.

[150] 7 de junio del 2014, en Spokane, WA.

[151] Mensaje del Señor antes de la oración, 29 de octubre del 2013.

[152] Esta alocución fue en Spokane. El mensaje es un recordatorio de la confianza plena en él.

[153] Mt 28: 18, y Sal 100.

[154] Spokane, WA, 9 de junio del 2014.

[155] Pp. 64-65

[156] Y esto lo comprendí cuando leí un poco más sobre el Rey Salomón y su gran sabiduría.

[157] Mensaje del Señor en medio de la oración, 23 de junio del 2011.

[158] Mensaje del Señor en medio de la oración, 12 de agosto del 2011.

[159] Mensaje del Señor en medio de la oración, 13 de enero del 2014.

[160] Mensaje del Señor en medio de la oración, 21 de noviembre del 2012.

[161] Mensaje del Señor en medio de la oración, 19 de enero del 2013.

[162] Mensaje del Señor en medio de la oración, 2 de septiembre del 2013.

[163] Mensaje del Señor en medio de la oración, 14 de octubre del 2011.

[164] Kempis es su autor. Es un libro de mucha sabiduría.

[165] Hacía alusión a su pasión.

[166] Mensaje del Señor en medio de la oración, 9 de agosto del 2011.

[167] Esto ya me había pasado en otros momentos. Estaba tan centrada en mi problema que lo olvidé.

[168] Mensaje del Señor en medio de la oración, 2 de octubre del 2011.

[169] Mucho tiempo después, casi que estas mismas palabras las escuché del padre Julio Jiménez S.J., cuando hice mis Ejercicios Espirituales de San Ignacio, de 10 días. Él decía: "el silencio exterior ayuda al silencio interior" y Dios habla al corazón.

[170] Número 1562.

[171] Mensaje del Señor en medio de la oración, 21 de mayo del 2013.

[172] Mensaje del Señor en medio de la oración, 21 de octubre del 2013.

[173] Número 1533.

[174] Mensaje del Señor en medio de la oración, 22 de octubre del 2013.

[175] Cantautor católico. Autor de la canción *Nadie te ama como yo*.

[176] Mensaje del 28 de enero del 2015.

[177] Excúseme si le suena atrevido, es mi alma enamorada.

[178] Mensaje del Señor en medio de la oración, 2 de febrero del 2011.

[179] Veía un muro a medio construir.

[180] Mensaje del Señor en medio de la oración, 31 de julio del 2011.

[181] Mensaje del Señor en medio de la oración, 30 de junio del 2012.

[182] Mensaje del Señor en medio de la oración, 13 de noviembre del 2013.

[183] Mensaje del Señor en medio de la oración, 16 de diciembre del 2013.

[184] De agosto del 2011.

[185] Mensaje del Señor en medio de la oración, 16 de septiembre del 2011.

[186] Hacía referencia al enemigo.

[187] Número 1422.

[188] 6 de octubre del 2011.

[189] Salmo 119.

[190] Aparte del Salmo 91.

[191] El Señor recomienda leer el Salmo 59, cuando nos sintamos atacados o en medio de muchos comentarios malintencionados.

[192] 15 de enero del 2014.

[193] 19 de enero del 2014.

[194] Querido lector, es posible que por su tradición de fe no conozca a qué hago referencia. Es un lugar de oración que generalmente está en las iglesias católicas, o en un lugar contiguo a ellas, donde se guardan las hostias consagradas, que para nosotros, los católicos, es la presencia eucarística del Señor Jesucristo.

[195] Con dolor en su rostro.

[196] Efectivamente la pedí en el 2012, y me fue aprobada. Varios viajes se dieron a partir de entonces.

[197] Número:1678.

[198] 22 de junio del 2013.

[199] Me llevaba a pensar en mis propias búsquedas en mis anhelos y sueños (este libro es uno de ellos).

[200] 21 de marzo del 2013.

[201] 11 al 13 de abril del 2013.

[202] Esta es una experiencia que viven los colaboradores de la Universidad Javeriana. Es

una hermosa jornada sobre lo que es ser javeriano a la luz de la vivencia de San Francisco Javier, patrono de las misiones y de la Universidad.

[203] Guatemala, el 9 de mayo del 2013.

[204] Pág. 104.

[205] 2 de abril del 2011.

[206] 12 de abril del 2011.

[207] Autor: Alex Campos.

[208] Mensaje del Señor en medio de la oración, 1 de abril del 2011.

[209] Este libro es de María Fontaine. Son mensajes de nuestro Señor Jesucristo. Hace parte de una colección mayor: *Jesús con cariño para la mujer*, *Jesús con cariño* y *Cómo tratar a los demás*, entre otros. Tienen la misma particularidad de *Él y yo*: cuando los abres, los mensajes son directos al corazón.

[210] Página 200.

[211] Y menos de un año después tenía un carro blanco, de agencia, tal como lo había soñado.

[212] En ese momento me sonrío con un gran amor.

[213] Mensaje del Señor en medio de la oración, 21 de enero del 2014.

[214] Mensaje del Señor en medio de la oración, 4 de marzo del 2014.

[215] Mensaje del Señor en medio de la oración, 6 de marzo del 2014.

[216] Aquellas que me dio espiritualmente en alguna ocasión.

[217] Mensaje del Señor en medio de la oración, 8 de septiembre del 2011.

[218] 21 de julio del 2014.

[219] Mensaje del Señor en medio de la oración, 16 de agosto del 2011.

[220] Es un don que da el Espíritu Santo. Trasciendo lo que considero y hablo más bien de reverencia y adoración al creador.

[221] Mensaje del Señor en medio de la oración, 21de agosto del 2011.

[222] Mensaje del Señor en medio de la oración, 12 de septiembre del 2013.

[223] 30 de junio del 2011.

[224] 13 de octubre del 2011.

[225] Número 1688.

[226] Número 1451.

[227] Número 1453.

[228] Mensaje del Señor en medio de la oración, 11 de agosto del 2011.

[229] Esto ha sido tristemente confirmado años después.

[230] Mensaje del Señor en medio de la oración, 14 de agosto del 2011.

[231] Mensaje del Señor en medio de la oración, 18 de septiembre del 2011.

[232] Él, en su bondad, me regaló, de *Él y yo*, el número 1349.

[233] Mensaje del Señor en medio de la oración, 23 de septiembre del 2011.

[234] Número 1326.

[235] 29 de enero del 2012.

[236] Me lo decía también a través *Jesús con cariño*, pág. 90.

[237] Mensaje del Señor en medio de la oración, 7 de febrero del 2012.

[238] Mensaje del Señor en medio de la oración, 31 de marzo del 2012, en Guatemala.

[239] Las maneras en las que Él obra son insondables.

[240] Muy típico del Señor. Siempre confirma sus cosas. Las lecturas de referencia fueron: Is 49: 1-6; Sal 71; Jn 13:21-38.

[241] Mensaje del Señor en medio de la oración, 25 de febrero del 2014.

[242] Mensaje del Señor en medio de la oración, 3 de febrero del 2015.

[243] Cómo no amar al amor mismo.

[244] Del libro Él y yo; mensaje del Señor en medio de la oración, 29 de agosto del 2013.

[245] Mensaje del Señor en medio de la oración; 14 de octubre de 2013.

[246] Como la denominó el papa Francisco.

[247] Mensaje del Señor en medio de la oración, 16 de octubre del 2011, en Salento, Quindío.

[248] Mensaje del Señor en medio de la oración, 27 de diciembre del 2013.

[249] Mensaje del Señor en medio de la oración, 6 de enero del 2014.

[250] Mensaje del Señor en medio de la oración, 11 de noviembre del 2014.

[251] Fue el sacerdote de la iglesia donde viví por varios años.

[252] Que había fallecido hacía más de 33 años.

[253] Esta gracia es compleja de explicar, pero es muy real. Cuando es la voluntad de Dios, a través de mí (y lo he visto en otros instrumentos), el Señor concede la gracia de que personas que ya han fallecido se comuniquen con nosotros.

[254] Publicación del 2009, en la revista *Medicina Narrativa*, de la Universidad Javeriana (le hice ajustes del texto original).

[255] Esto en consonancia con la experiencia de mis abuelos y lo que plantean los místicos sobre la comunión de los santos.

ABOUT THE AUTHOR

Gloria Inés Flórez Villafañe.

Mujer emprendedora, versátil y empoderada, mamá de Juan Pablo y Juan José, soñadora constante, en búsqueda permanente por ser la mejor versión de sí misma, con una fuerte inclinación por lo trascendente y espiritual.

En su vida profesional ha laborado en programas y áreas de desarrollo personal y organizacional en roles directivos y profesionales en empresas del sector público y privado y en el sector educativo universitario ha estado en roles directivos y como docente, en asignaturas especialmente relacionadas con el SER y el desarrollo personal; ha sido gestora de asignaturas y miembro de equipos editoriales, ha participado en diferentes investigaciones y ponencias nacionales e internacionales, alrededor de la humanización de la formación en salud y el desarrollo personal.

Actualmente ejerce de manera independiente como Coach Ontológica y Espiritual, Coach, Speaker & Training del Jhon Maxwell Team y CFMW, BF de Access Consciousness.

Reside en Jamundi, Valle, Colombia.